放大鏡下的日本城市慢旅

以圖解
淺顯易懂地
介紹日本的
名勝與文化

名古屋東海圖鑑

瑞昇文化

從空中俯瞰 名古屋・東海

廣闊的名古屋都市圈位於木曾川等河流構成的濃尾平原上，面向伊勢灣，背倚平緩的尾張丘陵。
地處東西交通的主要幹道上，為經濟產業與文化帶來蓬勃的發展。

北阿爾卑斯

御嶽山

國寶 犬山城

博物館明治村

岐阜車站

名古屋電視塔

德川美術館

愛知縣政府

名古屋城

久屋大通

岐阜羽島車站

名古屋車站

大須觀音

熱田神宮

名古屋港水族館

長良川

揖斐川

磁浮・鐵道館～夢想與回憶之博物館

木曾川

四日市港

伊勢灣

株式會社GEO © 繪圖／黑澤達也

爾卑斯　　　　惠那山　　　　南阿爾卑斯　　　　　　　富士山

瀬戶

豊田市車站

有松

岡崎車站

三河安城車站

境川

三河灣

臺港

常滑

Centrair（中部國際機場）

戰前、昭和初期的名古屋

明治4年（1871年），依廢藩置縣政策
成立名古屋縣（隔年改稱愛知縣）之後，
身為縣政中心的名古屋就此擴展了市區範圍。
昭和12年（1937）新建名古屋車站，
各項基礎建設發展迅速。
來看看活躍於大正到昭和時代的
鳥瞰圖畫師‧吉田初三郎（1884-1955）所繪製，
當時的名古屋圖與舊照片吧。

名古屋市鳥瞰圖

使用吉田初三郎於昭和12年繪製的部分鳥瞰圖

名古屋城

被指定為國寶，當時的名古屋城與本丸御殿

濠電車

行走於名古屋城的外層護城河上，被稱作「濠電車」的名鐵瀨戶線。

名古屋車站

地上6層、地下1層即將完工的新名古屋車站風貌。

榮町交叉路口附近

照片中左前方是榮屋（原為伊藤吳服店，現為松坂屋），右邊是日本銀行名古屋分行。

熱田神宮

和伊勢神宮同為神明造建築的熱田神宮本宮。

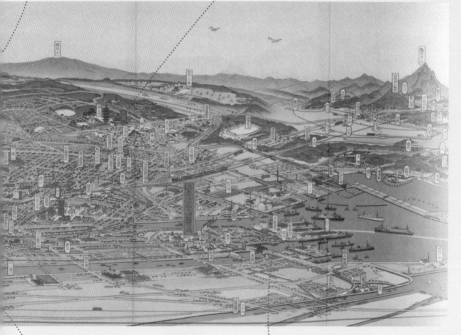

名古屋港

周邊發展成中京的一大重工業區。港口也在增設擴建。

大須商店街 ※（數位上色）

通往大須觀音境內的街道。兩邊遊戲場和餐飲店林立。

尋訪戰國三英傑
在東海的活躍風采

在亂世中帶領天下走向統一的三大巨星，
尾張國的織田信長和豐臣秀吉、
三河國的德川家康均出身
自現今的愛知縣。
名將群聚，地理位置上
也屬東西交通要塞的
東海一帶，
正是戰國歷史劇的舞台。
來尋訪戰國三英傑
在東海的足跡吧。

小牧・長久手之戰 天正12年（1584）
秀吉和敵對的家康・織田信雄聯軍以東海地方為
中心在各地掀起的戰役。以休戰、講和告終。

越前

遷城至小牧山城 永祿6年（1563）
將根據地遷往小牧山城。
至永祿10年（1567）為止定居於此。

稻葉山城之戰 永祿10年（1567）
將齋藤龍興趕出稻葉山城，佔領美濃。
重新遷城至岐阜城。

墨俁城 永祿9年（1566）
信長進攻美濃之際，在短時間內
興建「墨俁一夜城」。

關原之戰

美濃

清洲城

清洲會議

近江

關原之戰 慶長5年（1600）
秀吉死後，率領東軍和嚴重對立的石田三
成等人組成之西軍間的戰役。獲得大勝。

山城

入主清洲城 弘治元年（1555）
之後的10年間
以清州城為根據地。

伊勢

清洲同盟 永祿5年（1562）
和今川家斷交，
與信長結盟。

伊賀

清洲會議
天正10年（1582）
信長死於本能寺之
變後，由織田家的
重臣選出接班人。
之後，秀吉與柴田
勝家的對立日漸加
深。

尾張中村 天文6年（1537）
以農民之子（諸多說法）身分出生。
18歲時，追隨織田信長。

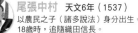

那古野城 天文3年（1534）
以織田信秀的兒子身分出生。那古
野城是眾說紛紜的出生地之一。

大和

桶狹間之戰 永祿3年（1560）
信長打敗今川義元。松平元康（爾後的德川
家康）也在今川義元軍先鋒裡。

織田信長
（1534～1582）
生於尾張國。在桶狹間之戰打敗駿河的今川義元後，前進美濃。以「天下布武※」為目標，卻在49歲時自刎於本能寺之變。

豐臣秀吉
（1537～1598）
生於尾張國。18歲時跟隨織田信長，參與多次戰役。信長過世後，身為接班人終於統一天下。62歲時結束一生。

德川家康
（1542～1616）
生於三河國。被送往織田家、今川家當人質，之後和信長結盟。關原之戰後，一統天下。75歲病逝，葬於久能山。

※為君臨天下之意。

飛驒

信濃

⑤ **統一三河國** 永祿9年（1566）
鎮壓永祿7年（1564）時爆發的三河一向一揆（譯註：三河國境內一向宗信徒發起的民變），歷經與今川氏的戰役終於在永祿9年統一三河國。

甲斐

⑥ ⑧ **長篠之戰** 天正3年（1575）
擁有大量火炮的織田‧德川聯軍利用槍擊戰，攻破武田騎兵隊。

三河

長篠之戰

駿河

⑦ **三方原之戰** 元龜3年（1572）
被武田軍擊潰。

遠江

濱松城

⑥ **濱松城** 元龜元年（1570）
遷城至
遠江‧濱松城。

① **岡崎城** 天文11年（1542）
以岡崎城主‧松平廣忠嫡男身分出生。

② **駿府** 天文18年（1549）
被送往今川義元之處當人質，直到永祿3年（1560）回到岡崎城之前都待在駿府。自慶長12年（1607）之後，也在駿府度過晚年。

※關於三英傑的足跡，用顏色區分各武將，依事件的發生順序編號。

放大鏡下的日本城市慢旅
名古屋 東海
圖鑑
Contents

第**3**章　名古屋之最

第 1 章

德川御三家之一的尾張德川家，治理表高61萬9500石的尾張藩。
一邊分析他們的歷史與文化，一邊尋訪帶來近代名古屋的遺產吧。

尾張

德川家

徹底解析尾張德川家的居城

名古屋城

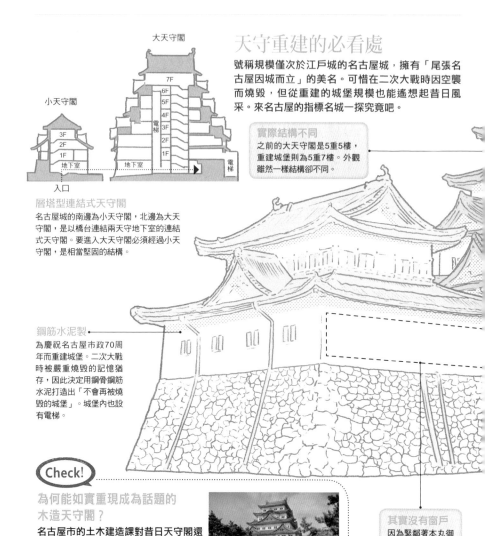

大天守閣

7F
6F
5F
4F 電
3F 梯
2F
1F
地下室 地下室

小天守閣

3F
2F
1F
地下室

入口

電梯

天守重建的必看處

號稱規模僅次於江戶城的名古屋城，擁有「尾張名古屋因城而立」的美名。可惜在二次大戰時因空襲而燒毀，但從重建的城堡規模也能遙想起昔日風采。來名古屋的指標名城一探究竟吧。

實際結構不同
之前的大天守閣是5重5樓，重建城堡則為5重7樓。外觀雖然一樣結構卻不同。

層塔型連結式天守閣
名古屋城的南邊為小天守閣，北邊為大天守閣，是以橋台連結兩天守地下室的連結式天守閣。要進入大天守閣必須經過小天守閣，是相當堅固的結構。

鋼筋水泥製
為慶祝名古屋市政70周年而重建城堡。二次大戰時被嚴重燒毀的記憶猶存，因此決定用鋼骨鋼筋水泥打造出「不會再被燒毀的城堡」。城堡內也設有電梯。

其實沒有窗戶
因為緊鄰著本丸御殿，所以小天守閣的東側沒有開窗。

Check!

為何能如實重現成為話題的木造天守閣？
名古屋市的土木建造課對昔日天守閣還在時進行了細部測量與拓本製造。另外，很多舊照片和資料也被保留下來，因此就算是木造結構也能如實重現。

照片提供◎名古屋城綜合事務所

考量到豐城秀賴握有大阪城，而且尾張德川家也打算遷城至此，德川家康便下令興建名古屋城。進行名為天下普請（譯註：江戶幕府號令各地大名實施的土木工程），主要以豐臣家恩顧的大名為中心的工程。慶長17年（1612）完成大小天守閣，慶長20年（1615）完成本丸御殿。城堡為了顯示德川家的威勢，在天守閣上有金鯱鎮座，因此又被稱為「金鯱城」。昭和5年（1930）被指定為國寶，昭和20年（1945）於名古屋大空襲中燒毀。現在的城堡於昭和34年（1959）重建。2009年起開始進行和京都二条城的二之丸御殿並列，被譽為近代城郭御殿之最高傑作的本丸御殿復原工程。2013年開放玄關、表書院，2016年開放對面所、下御膳所，還能同時參觀到復原後的隔間畫。得以窺見尾張德川家引以為傲的奢華與優雅風情。

金鯱
因為第一代金鯱於空襲中燒毀，現在的為第二代。重建天守閣時由原為鎚金師的大阪造幣局員工製造。南為雌、北為雄。

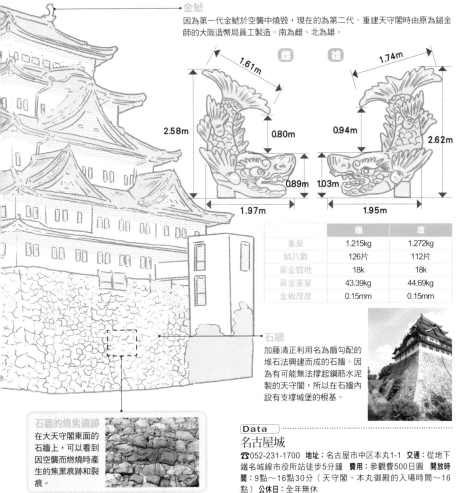

雌 1.61m
雄 1.74m
2.58m
0.80m
0.94m
2.62m
0.89m
1.03m
1.97m
1.95m

	雌	雄
重量	1.215kg	1.272kg
鱗片數	126片	112片
黃金質地	18k	18k
黃金重量	43.39kg	44.69kg
金板厚度	0.15mm	0.15mm

石牆
加藤清正利用名為扇勾配的堆石法興建而成的石牆。因為有可能無法撐起鋼筋水泥製的天守閣，所以在石牆內設有支撐城堡的根基。

石牆的燒焦遺跡
在大天守閣東面的石牆上，可以看到因空襲而燃燒時產生的焦黑痕跡和裂痕。

Data
名古屋城
☎052-231-1700　地址：名古屋市中區本丸1-1　交通：從地下鐵名城線市役所站徒步5分鐘　費用：參觀費500日圓　開放時間：9點～16點30分（天守閣、本丸御殿的入場時間～16點）公休日：全年無休

漫步尋訪江戶時期的名古屋城

雖然天守閣和本丸御殿因空襲而燒毀，但城內也有躲過戰爭的建築物和石牆等遺留下來。
在廣闊的城內散步，尋訪家康也曾看過的舊時名古屋城風貌吧。

❶ 西北角望樓
位於御深井丸的3重3層望樓。因為是從清洲城的小天守搬移過來，又稱作「清洲櫓」，但經由拆除整修後證明此非事實。

❷ 榧樹
樹高16m、樹幹直徑長8m，據說樹齡超過600年。傳聞該樹的果實曾出現在第一代藩主·德川義直出兵大阪時的餐桌上。

❸ 西南角望樓
雙層屋頂、內部3層樓的望樓。和天守閣同時期，於慶長17年（1602）左右完成。舊稱「未申櫓」，西邊和南邊有軍事用石落（譯註：城牆上的斜面，可從此處滾下石頭或射箭、開槍來打倒敵兵）向外突出。

菊花紋章
在隸屬宮內廳管轄時曾做為名古屋離宮。進行修繕時在獸頭瓦上刻製菊花紋章。

外護城河

❶

御深井丸

茶室

乃木倉庫

御深井丸展示廳

天

❸

梅林

❷

綜合事務所

西之丸

本丸大

馬出道

正門

N

名古屋能樂堂

正門前收費停車場

三之丸

枡型之門

石牆

石牆

圍牆

圍牆

二之門

一之門
（目前已無）

❹ 石牆刻紋

石牆工程由大小不一的石塊交錯排列組成，非常複雜。為了避免運來的石頭混淆不清便刻上記號。至今發現的刻紋約有520種。

❺ 清正石

據說搬運巨石時，加藤清正親自在石頭上呼喊搬運口號，因而得名。不過，負責施工的大名卻是黑田長政。

寬約6m

高約2.5m

鹽藏構

門

角望樓遺跡

❺ ❻

不施得工進區入域

❼

御殿

❽

門

❾

（二之丸大手二之門）

西鐵門

名勝二之丸庭園

二之丸東庭園

二之丸茶亭

牡丹園

二之丸廣場

牡丹園

芍藥園山茶花

梅林

二之丸

藤架

東門

東鐵門遺跡

愛知縣體育館

❻ 東二之門

昔日的東二之門，位於自三之丸過來的入口處。門柱、柱上橫木皆包有鐵片，也稱作「冠木門」。將拆解保存的物品移建至此處。

❼ 南蠻練塀

建於二之丸北端石牆上的抹灰牆。在東西狹長頗為堅固的圍牆遺跡上，設有鐵炮射擊孔。

東邊和南邊設有推落石頭專用的落狹間！

大門袖塀為上牆，設有鐵炮射擊孔。

❾ 表二之門

使用粗壯結實的木材，門柱和柱上橫木皆用鐵片包覆。如左圖所示，就算衝破二之門也無法馬上進到一之門，會被擋在名為「枡形之門」前。

❽ 東南角望樓

和西南角望樓的規模、結構大致相同。獸頭瓦上有葵花紋章。裝在屋頂上的鯱是明治43年（1910）從江戶城搬運至此。

目前復原中！北丸御殿的必看處

名古屋城本丸御殿位於昔日的天守閣南側。預計在2018年年中完成，進行精細的木作復原工程。
以下將介紹被譽為近代城郭御殿最高傑作，本丸御殿的必看處。

本丸御殿的功能和
格局大公開！

本丸御殿是藩主執行日常政務的場所，也是將軍進京時的落腳處。先來講解御殿的格局，和各屋室的用途。

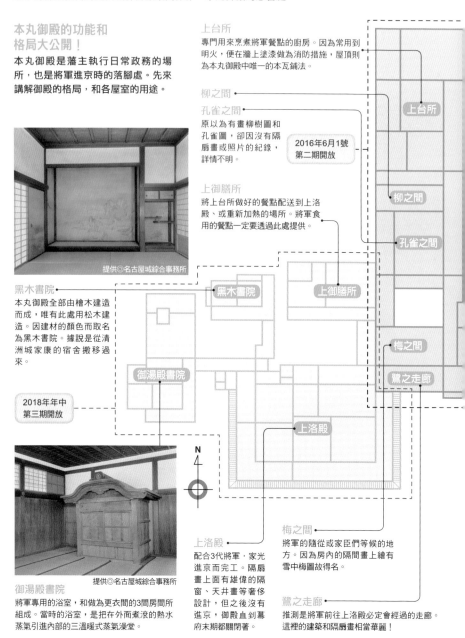

提供◎名古屋城綜合事務所

上台所
專門用來烹煮將軍餐點的廚房。因為常用到明火，便在牆上塗漆做為消防措施，屋頂則為本丸御殿中唯一的本瓦鋪法。

柳之間

孔雀之間
原以為有畫柳樹圖和孔雀圖，卻因沒有隔扇畫或照片的紀錄，詳情不明。

2016年6月1號
第二期開放

上御膳所
將上台所做好的餐點配送到上洛殿、或重新加熱的場所。將軍食用的餐點一定要透過此處提供。

上台所

柳之間

孔雀之間

黑木書院
本丸御殿全部由檜木建造而成，唯有此處用松木建造。因建材的顏色而取名為黑木書院。據說是從清洲城家康的宿舍搬移過來。

黑木書院

上御膳所

梅之間

鷺之走廊

御湯殿書院

2018年年中
第三期開放

上洛殿

N

提供◎名古屋城綜合事務所

御湯殿書院
將軍專用的浴室，和做為更衣間的3間房間所組成。當時的浴室，是把在外面煮滾的熱水蒸氣引進內部的三溫暖式蒸氣澡堂。

上洛殿
配合3代將軍·家光進京而完工。隔扇畫上面有雄偉的隔窗、天井畫等奢侈設計，但之後沒有進京，御殿直到幕府末期都關閉著。

梅之間
將軍的隨從或家臣們等候的地方。因為房內的隔間畫上繪有雪中梅圖故得名。

鷺之走廊
推測是將軍前往上洛殿必定會經過的走廊。這裡的建築和隔扇畫相當華麗！

慶長20年 （1615）	→	元和6年 （1620）	→	寬永11年 （1634）
奉家康之命興建為第一代藩主・義直的住所與藩政廳。完工時對面所的內部也有建築物。		因為義直新建造了「二之丸御殿」，遷走所有御殿的功用。本丸御殿從此幾乎無用武之地。		3代將軍・家光進京時，增建過去曾未使用的本丸御殿。完成充作將軍宿舍的上洛殿。

提供◎名古屋城綜合事務所

對面所
和親信或親戚等與藩主關係較為密切者見面的場所。另一種說法是，第一代藩主・義直和春姬在這裡舉行結婚儀式。

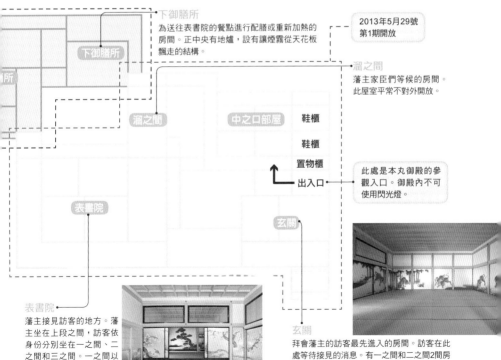

下御膳所
為送往表書院的餐點進行配膳或重新加熱的房間。正中央有地爐，設有讓煙霧從天花板飄走的結構。

2013年5月29號
第1期開放

溜之間
藩主家臣們等候的房間。此屋室平常不對外開放。

中之口部屋　　鞋櫃

鞋櫃

置物櫃

出入口

此處是本丸御殿的參觀入口。御殿內不可使用閃光燈。

表書院

玄關

表書院
藩主接見訪客的地方。藩主坐在上段之間，訪客依身份分別坐在一之間、二之間和三之間。一之間以外的訪客無法直接面見。

玄關
拜會藩主的訪客最先進入的房間。訪客在此處等待接見的消息。有一之間和二之間2間房間，身分高的訪客會被帶到一之間。

考察近代城郭御殿的建築～外觀篇～

本丸御殿像是頭頂著天守閣般，兩者曾比鄰而立於本丸。全由檜木打造而成的建築物，造型相當優美有格調。現在，就在復原中的本丸御殿，觀察往日的豪華絢爛風采吧。

車寄·玄關

車寄是只有將軍等正規訪客才能使用的正式入口。頂部為莊嚴的唐破風屋頂，使用本丸御殿中最粗壯的樑柱。

木片屋頂（柿葺）

使用厚度3mm的杉木等薄片，施工時一邊緩慢地挪動每片木片一邊貼合的屋頂。順帶一提，昔日的本丸御殿，中途曾用銅製瓦片取代木片來鋪設。

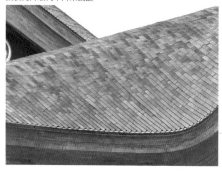

（Check!）

這裡唯一鋪設瓦片的屋頂（瓦葺）在哪裡？

本丸御殿是木片屋頂（柿葺），只有上台所為瓦片屋頂。在將軍專用的廚房中，使用瓦屋頂做為消防措施。

排煙口
因為用火，在屋頂設置排煙用的換氣口。

入母屋破風

唐破風·入母屋破風
破風是建於屋頂側邊的裝飾物件。唐破風指的是曲線形狀，入母屋破風則是等腰三角形。厚實的唐破風多用於玄關處。

全檜木製
本丸御殿除了黑木書院使用松木外，其餘全是檜木製造。就算重建也是用日本的檜木。尤其是主要配件和目光所及之處，使用最高級沒有木節的裝飾木。

因為享保年間的改建曾將破風塗成白色，也沒留下當初建築時的設計圖片。為此，破風便參考二条城的二之丸御殿和當時的流行趨勢進行復原。

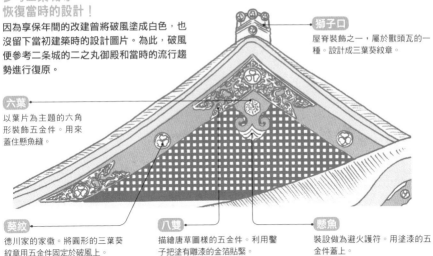

獅子口

屋脊裝飾之一，屬於獸頭瓦的一種。設計成三葉葵紋章。

六葉

以葉片為主題的六角形裝飾五金件。用來蓋住懸魚縫。

葵紋

德川家的家徽。將圓形的三葉葵紋章用五金件固定於破風上。

八雙

描繪唐草圖樣的五金件。利用鑿子把塗有雕漆的金箔貼緊。

懸魚

裝設做為避火護符。用塗漆的五金件蓋上。

唐破風

屋簷前・屋簷下

御殿外觀之美，大部分來自屋頂和屋簷前給人的印象。屋簷採用地垂木和飛檐垂木兩種化妝垂木來施工，外觀也整齊排放著漂亮的化妝裏板。

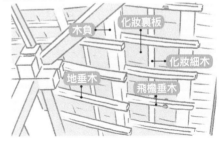

木負　化妝裏板

化妝細木

地垂木　飛檐垂木

虹樑

用於車寄的木樑。大多在寺院建築等處兼做裝飾之用。特色是如彩虹般向上彎曲的造型。兩邊刻有漩渦和嫩葉的圖樣。

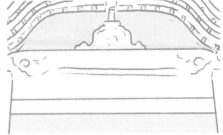

19

考察近代城郭御殿的建築〜內裝篇〜

本丸御殿是以武家文化為背景的書院造型建築。其規模和美麗樣式在過去和京都二条城的二之丸御殿齊頭並列。以下是藩主曾使用過，風格最為高雅的房間，讓我們來一探究竟吧。

對面所 上段之間

藩主接見親信和親戚的場所。藩主在上段之間，親信和親戚就在次之間等候。上段之間是藩主專用的房間，建造得特別豪華。

風俗圖〔愛宕山〕

畫在壁龕上的風俗圖，是與德川家淵源頗深的京都風景。以藩主背靠愛宕山而坐，山頂位於房間中央來構圖。

付書院

位於壁龕旁邊，沿著緣廊向外突出的空間。開口部分裝設拉門引進光線，藩主會在此處書寫或閱讀。

龜尾

風俗圖〔愛宕山〕

付書院

床の間

格扇把手的構造也相當精巧。設計依建築而異。

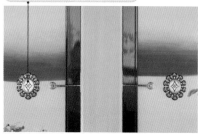

門鎖五金

安裝在隔扇或拉門用來上鎖的五金。只能從上位者的房間來上鎖。因此無法從次之間這邊鎖住上段之間。

次之間

當親信或家臣晉見時會經過的房間。上段之間的高度高出一段。在對面所做為等待室的還有納戶一之間和納戶二之間。

上段之間

次之間

門鎖五金

雙層內彎式細格天花板

在高規格的內彎式天花板中間，裝設龜之尾（譯註：天花板角落彎曲如龜尾的細條）再往上拱起的豪華造型。角材塗上黑漆，天花板片貼上金箔。

六葉

細格

多寶格架

頂棚

壁龕

帳台構

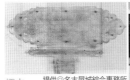

Check!
不同的天花板

內彎式細格天花板
在方格狀天花板當中，再裝上由細格組成的高級天花板。

竿緣天花板
用細長木條壓住板片的天花板。用於規格較低的房間。

白漆牆
從玄關到對面所的各個房間，上半牆都塗成白色。若是地位更高的上洛殿則是做隔扇畫！

六葉
六葉是用來遮住隙縫的五金件。不僅是上段之間，在其他房間也看得到。細緻的設計相當漂亮。

書院造
室町之後，在武士住所的發展當中產生的住宅樣式。每間房間地板鋪成高低差，以格扇或拉門來區隔。作為主室的客廳，設有壁龕、多寶格架與付書院。

拓本
御殿五金件以燒剩的遺留物與拓本做參考如實重現。

提供◎名古屋城綜合事務所

帳台構五金件
帳台構是設置在上段之間側邊的房間裝飾。配上葵花紋等的細緻五金裝飾，並經由工匠的親手雕刻一個個地完美重現。

依房間而異的隔扇畫主題與含義

本丸御殿的隔扇畫是由日本畫史上最大的畫派，「狩野派」的畫師們所描繪。每間房間的繪畫主題不同，各自的含義明確。試著探索繪畫內容與各自的寓意吧。

玄關

玄關是最先迎入訪客的房間。因此，畫上老虎或花豹來震攝訪客。另外，老虎也有保護建築物的守護神意義。

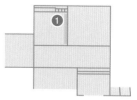

❶ 竹林豹虎圖

老虎

在當時的日本，還看不到活生生的老虎或花豹。因此，參考進口的毛皮和貓來描繪畫作。仔細看畫，就會發現畫得很像貓。

貼金箔

畫紙為了顯示德川家的權威貼上金箔。當時的金箔品質差，留下貼合的痕跡，復原摹本中連這處的痕跡都有重現出來。

竹林

為了顯示武將的勇猛，喜歡在隔扇畫上畫老虎。照慣例竹林和老虎畫像是配套內容。彩色部分是使用各種礦物的岩石顏料。

花豹親子

當時的日本人誤認為老虎是公的、雌虎是花豹。因此畫老虎夫妻時，一定會畫成老虎和花豹。順帶一提，小孩因為有豹紋所以是雌性。

表書院

狩野派依繪畫主題訂定地位高低。依走獸＜花鳥＜人物＜山水的順序提高地位。在表書院中，除了三之間外都是花鳥畫。

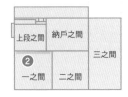

上段之間	納戶之間	
❷		三之間
一之間	二之間	

❷ 櫻花雉雞圖

櫻花

在櫻花瓣上，使用了以貝殼粉做成的胡粉。畫出高高疊起的花瓣呈現出立體感。

構圖

隔開上段之間和一之間的隔扇畫，和藩主見面時會打開。因此，要做成就算打開拉門也能看得懂構圖主題。

雉雞

因為主題是花鳥，所以在左下角畫上感情和睦的雉雞親子。

春之花草

表書院的風景畫，三之間是夏季、二之間是秋～冬季、一之間是春季、上段之間是正月。

白雉

白雉是非常珍稀吉利的鳥類。在孝德天皇時也以白雉來做為年號！

對面所

第一代藩主·義直娶淺野家女兒春姬為妻。對面所中的風俗畫上畫的是和德川家淵源頗深的京都，與淺野家立基深厚的和歌山，藉此顯示兩家的關係。

納戶上之間	納戶次之間
❸ 上段之間	次之間 ／ 走廊入口

❸ **風俗圖·賀茂賽馬**

上賀茂神社
德川家三葉葵紋章源自上賀茂神社，下鴨神社的二葉葵紋章。自德川家的前身松川家時起就往來密切，深受庇護。

傳教士
風俗圖中生動地畫出了市井小民的生活樣貌。有參觀祭典的人以及小販，當中還可見到傳教士的身影。

騎士
手握韁繩的騎士被稱作乘尻，身穿舞樂服裝來參賽。騎乘時允許妨礙對手行進。

賽馬的祭神儀式
賀茂賽馬是上賀茂神社祈求五穀豐收、天下太平的祭神儀式。至今仍會在5月5號舉辦2匹馬的競速比賽。

上洛殿

因為這是將軍專用宿舍，繪畫的主題和風格都選用最高等級。也有暗示將軍修習才能的「琴棋書畫圖」這類畫作。

提供◎名古屋城綜合事務所

菊之走廊			
上段之間	納戶之間	松之間	
一之間 ❹	二之間	三之間	

❹ 帝鑑圖‧蒲輪徵賢

皇帝和儒者
為了向高齡儒者求教，皇帝親自來迎接儒者。就算是用皇帝來比喻將軍，也暗示身為受教者應該具備的舉止。

水墨畫
利用水墨和金粉作畫，完成符合將軍格調的圖畫。

儒者

馬車
接送儒者的馬車。考慮到乘坐者的舒適性，塞入草木不讓車輪喀噠作響。這也是上位者的細心舉動，用來暗示將軍應有的行為。

帝鑑圖
以中國皇帝的德政、惡行軼事為主題的隔扇畫。作為將軍或各大名的行為規範，畫出各種場景。

狩野探幽
上洛殿的畫是被譽為天才畫師的狩野探幽所繪製。上洛殿三之間的「雪中梅竹鳥圖」最是有名。為狩野永德之孫。

🖋 MEMO 到名古屋城的內護城河一看，居然還有鹿（至2016年9月有2頭）！其實，江戶時代，鹿是養來讓女眷賞玩用的，但因為鹿會吃庭園樹木上的嫩芽，便將牠遷移至護城河中。

25

金色名古屋的起源!? 學習尾張藩的名君

德川宗春

元元祿9年（1696），第3代尾張藩主‧綱誠的兒子誕生於名古屋城，為第7代藩主‧德川宗春。就現今的說法而言是位隨興人士，推行的開放政策和當時的將軍‧吉宗提倡的質素簡約政策完全相反。那時，只有幕府公開允許的戲劇和妓院才被承認，在吉宗的緊縮政令之下，失去舞台的演員或藝人齊聚於名古屋，開創出「藝能名所名古屋」的文化。據說宗春獎勵縮小規模的祭禮和盆舞，把製作機關人偶山車訓練出的技術培養成各地方特色的手工藝。執行這些政策的宗春數度被幕府質問，但仍不改其志，結果在元文4年（1739），被下令隱居謹慎。但在發展停滯的日本境內，只有名古屋城下繁榮進步，是位不折不扣的尾張名君。

令群眾瘋狂的宗春一行人

到神社寺院參拜時裝扮華麗的宗春。據說受到城區民眾圍觀，宗春的人氣高漲。透過記載試著重現宗春當時的樣貌。

※插圖為示意圖。

戴著兩側帽緣往上捲翹的玳瑁唐人笠。

炫目的猩猩緋色羽織外套。

長達五尺（1.5m）的長煙管。一邊抽菸一邊行進。

通常都要跪著迎接殿下一行人。但宗春會下達通過時可以抬頭看宗春的告示。

握住長煙管前端行走的茶道和尚。

騎著珍貴白牛行走於城下。

隨從們也穿著細條紋或雲龍、竹子、老虎等圖樣的豪華衣物。

8代將軍・吉宗與宗春是政敵？

誕生於貞享元年（1684）的吉宗是紀州藩主・德川光真的四男，和元祿9年（1969）身為尾張藩主二十男而出生的宗春。兩人都不是命定的繼承人，卻離奇地成為將軍和藩主。雖然命運相似，樸素的將軍和豪奢的藩主，個性卻完全相反。

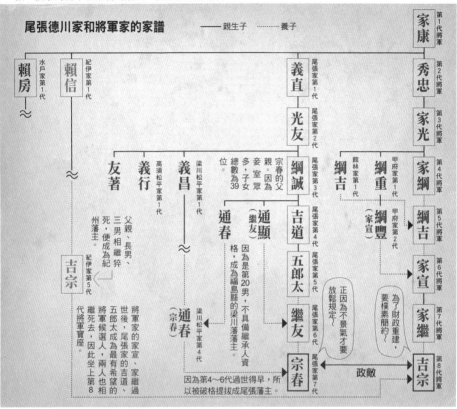

尾張德川家和將軍家的家譜　——— 親生子　┈┈┈┈ 養子

Check!

宗春的政治思想21條「溫知政要」

享保16年（1731），宗春以藩主的身分到自己的領地時寫下的政教書，當中具體說明了宗春獨特的想法。因為和享保改革的思想完全相反，受到幕府的絕版處分，其內容是什麼呢？

第一條●深切的愛情和寬廣的心胸很重要
第二條●在愛情之下沒有敵人，只有深切的慈悲心
第三條●冤罪是國之恥
第四條●不耽於私慾，堅持己志到最後
第五條●與其賣弄聰明的學問，培養心志才是第一
第六條●萬物皆有能力
第七條●各有所好。不強加自己的意見。
第八條●制定最小限度的規則即可
第九條●過度節省造成人心惶惶反而無益
第十條●推行重視庶民感情的政策
第十一條●無壓力是健康的基礎

第十二條●允許表演節目和茶館等
第十三條●萬事皆有專家
第十四條●任何技藝都無法在幾年內學會
第十五條●想到年輕人的沮喪就提出異議吧
第十六條●年輕時的錯誤會成為良好經驗
第十七條●金錢無法買到人命
第十八條●從庶民的觀點看待所有事物
第十九條●一旦放慢國家改革，就能迅速處理平常事件
第二十條●非一人可為之，改革需有超然的智慧
第二十一條●不管老手新人，男女等要平等待之

穿越時光回到宗春時代的廣小路～大須

透過名古屋城建城之際的「清洲越（譯註：將城市從清洲搬移至名古屋）」，大須觀音和七寺等眾多寺院神社被移至城下，誕生了名古屋最大的寺院神社區‧大須。但是，寺院神社區‧大須是在宗春時代才開始真正繁榮起來。從鬧區入口廣小路起到因小劇場而人多熱鬧的大須邊際附近一帶，繁華的程度遠勝江戶、京都、大阪，甚至有「名古屋的繁榮在於京都的冷清」這樣的說法。

現代&江戶時代的透視圖

綠色地圖是現代地圖、黑‧紅色地圖則是江戶時代的地圖。江戶時代從城池一路南下的本町通是城下的主要街道，以若宮八幡神社附近為界，可以觀察到北邊是商業區，南邊大須一帶是寺院神社區。把江戶時代的地圖和現在的地圖重疊，就能看到留存至今的遺跡。

從現在的白川公園以北寺院神社變少，幾乎停留在江戶時代的區域劃分中。

透視圖的紅色部分是江戶時代的寺院神社地區。可以看出到廢藩置縣為止，白川公園以南大部分都在寺院神社境內。

黑色是江戶時代，綠色是現在

因為發生在萬治3年（1660）的萬治大火，廣小路通的路寬遂由3間（約5.5m）拓寬至15間（約為27m）。

連接名古屋城和熱田神宮的本町通，曾是名古屋最大的幹線道路。直到昭和年間商業中心移至榮為止，本町通一直很熱鬧繁華。

寬文8年（1668），在三輪神社內模仿京都的蓮華王院（三十三間堂）之長廊，建造尾張藩的射箭場。這是現在「矢場町」的地名由來。

天文9年（1540），萬松寺做為織田家的菩提寺而開寺。原本在名古屋城南側，經由清洲越搬移至大須。境內粗估有現在的40～50倍大。

江戶的寺院神社　現在的寺院神社　江戶的道路　現在的道路

在「享元畫卷」中看到江戶時代的繁榮

享保～元文年間（1716～41）的享元時代，描繪宗春當政時，城下繁榮光景的畫卷「享元畫卷」。商店櫛比鱗次的廣小路（榮南）區，和境內小劇場、傳統劇場與雜要表演屋林立，成為熱鬧演出區而繁榮的大須區，來比較一下兩區的今昔風貌吧。

廣小路（榮南）區

招牌設計
在襪店的屋簷下掛著白襪造型的大招牌。

← 大須請至P.31

本町通
江戶時代的主要街道，南北貫穿城下。因清洲越移居過來的特權商人和富商等競相在此開店。

廣小路通
東西貫穿名古屋街道，是名古屋現今的主要街道。廣小路以南是通稱南寺町的鬧區。

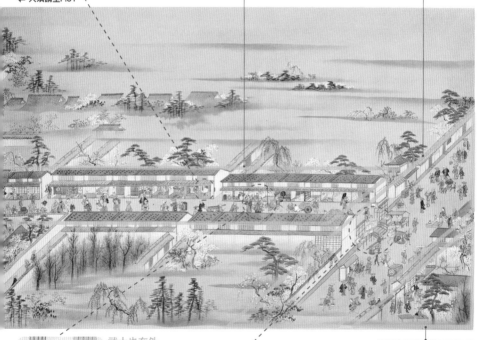

武士也在外遊歷？
雖然當時禁止武士在外遊歷，但宗春允許。

演出節目
通往鬧區南寺町的入口有演出節目表。

神明社
因清州越而遷移過來，境內有雜要或戲劇表演。明治9年（1876）將神社名稱改成現在的朝日神社。

MEMO 本町通在許多大商人和富裕居民的經商往來下變得繁榮。松坂屋的前身「伊藤吳服店」和丸榮的前身「十一屋」也在本町通開過店。

大須區

熱鬧非凡的小劇場
位於佔地寬敞香客聚集的寺院神社境內的小劇場。掛出演員名牌，在隔壁望樓上敲鼓吸引顧客。

西本願寺別院
因清洲越遷移至此。畫卷中描繪出欣賞庭園的香客。江戶後期因葛飾北齋在此處畫出120疊大（譯註：約為11m×17m）的達摩像而聞名。

七寺
因清洲越遷移至此。在江戶時代和大須觀音寺境內相鄰，是擁有3間小劇場及三重塔的寬敞寺院。

雜耍內容是什麼？
站在肩上獻藝的人馬表演。

大須觀音寺參道
現今的仁王門通。畫卷中整排的雜耍表演屋是特殊日子才會出現的臨時戲棚。

富士淺間神社

那古山古墓

柳下水

大須觀音寺

有小劇場和雜耍表演屋，是名古屋最繁榮的地方，相當熱鬧。這裡沒有畫出當時在寺院境內的五重塔。

清壽院

位於那古山古墓附近的修驗道寺院（目前已廢寺）。院內留有尾張三名水之一的柳下水及鎮守在清壽院的富士淺間神社等遺跡。

大乘院

因清洲越而遷移至此。是境內擁有小劇場和望樓的大型寺院，但目前已廢寺。

➡ 廣小路請至P.29

享元畫卷（複製）名古屋市博物館館藏

魚販

將魚貨配送到妓院、商店或餐廳的人。

江戶時代的輪椅

坐在有車輪的木製底座上逛街。根本就是輪椅！

邊走邊吃也很開心！

還有多家小吃店，如抹上山椒嫩芽的串烤豆腐、糯米丸子、蕎麥麵等。

若宮八幡神社

守護名古屋城下全區，若宮大通的名稱取自該間神社。畫卷上畫出了境內4棟大小不同的小劇場。

 MEMO 在大須除了有名古屋唯一的傳統劇場，大須演藝場外，還有大須大道町人祭、世界角色扮演大賽等，只有戲劇和雜耍興盛的名古屋才會有的多項活動！

愛知手工藝的起源是機關人偶山車 !?

在東海地區有很多山車祭，尤其是和舊尾張藩有關的區域，全國約有7成的機關人偶山車都集中於此。這和喜愛祭典的宗春獎勵各地舉辦祭典多有關係。木製機器人「機關人偶」透過人偶師的手變得更加精密，極盡豪華炫爛。

名古屋型山車的特徵

最大特徵是打造出讓人偶現身的造型。高度達6m以上，重量超過5t。

用四根細柱子來支撐唐破風屋頂，挑高的上山中放置機關人偶的主角。屋頂可以升降，能鑽過名古屋城的城門或神社鳥居。

施做塗漆或金屬工藝品的高欄。

下山用羊毛做成的紅色大幕蓋住。

人偶師

由5〜6人操縱機關人偶。上山（譯註：山車的最高處）的人偶是牽線木偶，拉扯從上面垂下的線來操縱。揮幡人偶的構造是人偶師蹲下來左右揮舞從人偶伸出來的棍子，保留機關人偶的古老型態。

揮幡人偶位於比正面低一階的前棚上。

轉舵桿是山車要在街上轉換方向時的重要部分。

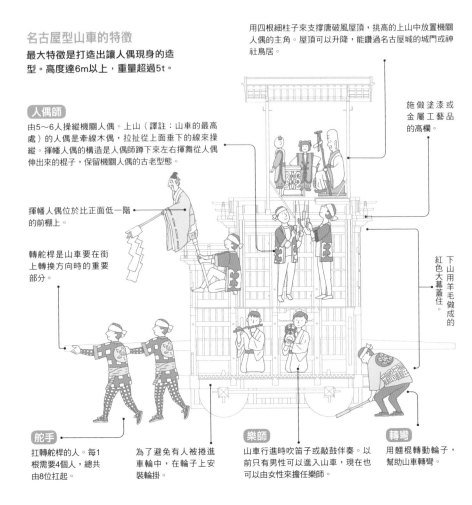

舵手

扛轉舵桿的人。每1根需要4個人，總共由8位扛起。

為了避免有人被捲進車輪中，在輪子上安裝輪掛。

樂師

山車行進時吹笛子或敲鼓伴奏。以前只有男性可以進入山車，現在也可以由女性來擔任樂師。

轉彎

用翹棍轉動輪子，幫助山車轉彎。

說到江戶時代的名古屋三大祭典⋯

現在一提到名古屋的祭典，應該會想到「名古屋祭」和「日本正中央祭」。但是，說到江戶時代的祭典，是宗春恢復的名古屋東照宮的「東照宮祭」、若宮八幡神社的「若宮祭」、那古野神社的「天王祭」，為名古屋的三大祭典。在鼎盛時期，東照宮祭中拉曳9輛山車、若宮祭是7輛山車、天王祭則是16輛山車。

若宮祭「福祿壽車」的機關人偶

延寶4年（1676）製作的「福祿壽車」，是目前唯一仍在當地祭典中拉曳的名古屋三大祭典山車。以下將講解這台「福祿壽車」的特色與結構。

柄太鼓的鼓面上畫著北斗七星。

撥片

2 中唐子

唐子是穿中國服、梳中式髮型的兒童。在東海地區的山車機關人偶中很少見。

看到小唐子的倒立很開心，一邊用撥片敲著手上的柄太鼓一邊跳舞。前後都會敲鼓。

在主將和蓮花台間來回走動。

1 人偶主將・福祿壽

名古屋山車中稱為主將的神像人偶。七福神之一，南極星化身的南極老人。

對中唐子和小唐子的表演點頭示意叫好。

高聳的腦門是福祿壽的特徵。在累積智慧的過程中變大的吧。

拐杖上頭掛著記載福祿壽由來的卷軸。

右手上下揮舞著團扇稱讚。

團扇布面上畫有北斗七星。

3 小唐子

機關人偶的主角。用寶曆11年（1761）製造的日式時鐘齒輪做裝飾的蓮花台也是看點之一。

槌子

用日式時鐘的脫進天符裝置（調整速度的機械）做裝飾。

鉦

4 揮幡人偶

據說是用江戶時代在城下相當有名的鹽商的特殊臉孔做成人偶。也有消防避火的傳說。

戴侍烏帽子

特殊臉孔

福祿壽車

左手撐在蓮花座之後

順勢往上倒立

兩手握著祭神驅邪幡左右揮舞，在山車移動的道路上撒鹽淨化。

一邊倒立一邊從蓮花台伸出拿在右手上的槌子敲鉦。

📖MEMO　自寬文4年（1664）流傳下來的若宮八幡神社的若宮祭。在每年5月15號的試樂祭獻上福祿壽車的機關人偶現場表演，夜晚在福祿壽車上掛燈籠裝飾。在隔天16號的例行祭典日，和神轎一起被抬到那古野神社。

33

軍事、經濟、交通的重要據點，阻擋敵人入侵的現存天守閣

國寶犬山城

守備能力傑出
兼具美感的天守閣

建於海拔80m的山城上，加上背靠斷崖防守的典型後方堅固格局，也是抵擋敵人從正面左右進攻的絕佳結構。

天守閣高約19m

石牆高約5m

在沿著木曾川的小丘上，由織田信長的叔父，織田信康於天文6年（1537）建造的後堅固城堡。通往中山道和木曾街道，是木曾川的交易、政治與經濟要衝，成為戰國時代的攻防要城。一進入江戶時代，在元和3年（1617），就由尾張德川家的重臣，成瀨正成擔任城主。據說在這時進行增建改良，完成現今的天守閣樣貌，之後，一直由成瀨家擔任城主直到幕府末期。在歷史動盪中倖存下來的天守閣保有日本現存的最古老樣式，於昭和10年（1935）被指定為國寶。

1樓平面圖

武士藏身區
納戶之間
上段之間

❶ 石落
在1樓設置從石牆往外推的壁板窗。當敵人靠近時，就拉起木板，自石牆丟下石頭阻止敵人入侵。

藩主成瀨家
成瀨正成是家康的親信，以犬山城城主兼御付家老身分被派往尾張藩。成瀨家持有犬山城至2004年。

❷ 避邪物
在屋頂角落放置形狀為龜殼上載著桃子的避邪瓦片。桃子的果肉水分多，也有消防的含義。

❸ 鯱瓦
和獸頭瓦同為守護神，據說火災時能噴水滅火。犬山城的鯱瓦是比較小的燒製瓦。

❹ 狹間
在牆壁上開設三角形或四方形的孔洞，從這裡用弓箭或槍砲攻擊。雖然犬山城的狹間已被堵住，但仍留有明顯的痕跡。

❺ 望樓
位於入母屋造（譯註：屋頂造型，中國稱為歇山頂）望樓上的建築物。高欄和緣廊的迴廊據說是成瀨增建的。

❻ 付櫓
當敵軍快要攻破天守閣入口時，從側面加強攻擊的防禦望樓。四周都是可從內部進行攻擊的窗戶。

❼ 唐破風
破風指的是屋頂妻側（譯注：房屋非正面的兩側稱為妻側），成曲線狀者稱作唐破風。形狀優美裝飾性高，凸顯出犬山城之美。

❽ 火燈窗
上方成拱狀的窗戶。安土桃山以後多用於城郭建築上，在犬山城則是貼於牆上做裝飾用。

從望樓看出去的絕景！

前面就是木曾川，天氣晴朗的話還能遠眺御嶽山，視野相當好。據說成瀨家代代藩主也對這片景色相當自豪，有尾張藩主等重要客人來訪時，都會一起來盡情欣賞這片景致。

Data
國寶犬山城
☎0568-61-1711 **地址**：犬山市犬山北古券65-2 **交通**：從名鐵犬山線犬山站徒步20分鐘 **費用**：入館費550日圓 **開放時間**：9點～17點 **公休日**：全年無休

✐**MEMO** 一起來參觀因犬山城建城而整修的城下町吧。像是要圍起位於中心的平民住宅般設有武家住宅，外圍環繞著柵門或土牆，讓整個城下町的守衛更加堅固。目前仍留有江戶時代的城區劃分遺跡。

豪華絢爛！進入大名用品的世界

德川美術館

被指定為國寶的「初音嫁妝」是？

第3代將軍‧家光的長女千代姬，嫁給尾張德川家第2代藩主‧光友時帶去的日常用品。
以『源氏物語』的初音帖為設計圖，華麗絢爛的外觀可說是日本蒔繪史上的最高傑作。

千代姬的嫁妝用品
千代姬嫁給光友時虛歲3歲。結婚時帶去的嫁妝相當齊全豐厚，就在驚人的短時間內製作完成。

為什麼稱為『初音』
以『源氏物語』初音帖的和歌曲意「幽寂歲月綠又至，何時早等聲再來」，為整體設計概念，因此取名為初音。

精彩的蒔繪技法
由室町時代以來的蒔繪師‧幸阿彌家10代的長重所製作。反映出政治經濟已臻高峰的德川幕府權威，外觀極盡豪華之能事。

初音嫁妝的代表性用品

❶ 書棚
為武家嫁妝的三棚之一，用來擺放書籍。

❷ 黑棚
放置染黑齒盒、髮飾盒、梳子盒等用品的架子。

❸ 廚子棚
分成3層的架子。中下層有對開的門板。

❹ 寄掛
將手放在上面或倚靠著休息等，放鬆時的用品。

❺ 文台、硯箱
放詩箋之類的小書桌，和收納硯台等物品的盒子。

❻ 鏡台 ➡ 見P.37
收納各項化妝用品與白銅鏡。

❼ 耳盥、輪台
染黑齒時漱口的臉盆，及放置台。

❽ 貝桶
貝殼湊對遊戲中放貝殼的桶子。2個1組的嫁妝用品。

尾張德川家第19代家主・德川義親捐出私人財產成立財團，於昭和10年（1935）設立德川美術館。收藏品是尾張德川家流傳下來的珍寶，以德川家康的遺物為主，總數量約達1萬件。當中包含『源氏物語畫卷』和『初音用品』等9件國寶、重要文化遺產59件，完全符合御三家第一的門第，號稱是全日本數一數二的大名道具收藏品。依主題分區展示，有武具・刀劍、茶道用具、書院飾品、能樂及嫁妝用品等，質與量都相當多元且豐富。因為隨時都會推出別出心裁的特展、主題展，請事先查詢。另外，因為經常會替換展示品，所以登記在冊的大名道具不一定都看得到，請先確認清楚。

這些物件是做什麼用的？初音用品的用法

千代姬的嫁妝用品，有47件初音用品、10件蝴蝶用品及其他23件共70件一起被指定為國寶。
從這些用品當中，挑出千代姬平時用的『鏡台』，講解各項工具及用法。

鏡台

可以完成當時全套妝容的各項工具和白銅鏡套件。每天早上一邊照鏡子一邊整理妝容，如抹白粉、染黑齒、上口紅和梳頭髮。也可以將各項工具收在鏡台的抽屜中，方便攜帶。

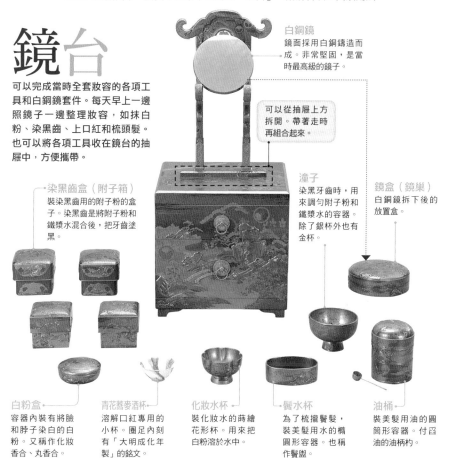

白銅鏡
鏡面採用白銅鑄造而成。非常堅固，是當時最高級的鏡子。

可以從抽屜上方拆開。帶著走時再組合起來。

潼子
染黑牙齒時，用來調勻附子粉和鐵漿水的容器。除了銀杯外也有金杯。

鏡盒（鏡巢）
白銅鏡拆下後的放置盒。

染黑齒盒（附子箱）
裝染黑齒用的附子粉的盒子。染黑齒是將附子粉和鐵漿水混合後，把牙齒塗黑。

白粉盒
容器內裝有將臉和脖子染白的白粉。又稱作化妝香合、丸香合。

青花蕎麥酒杯
溶解口紅專用的小杯。圈足內刻有「大明成化年製」的銘文。

化妝水杯
裝化妝水的蒔繪花形杯。用來把白粉溶於水中。

鬢水杯
為了梳攏鬢髮，裝美髮用水的橢圓形容器。也稱作鬢盥。

油桶
裝美髮用油的圓筒形容器。付舀油的油柄杓。

近看初音用品的設計！

『初音用品』全部都是以『源氏物語』的初音帖為主題打造而成。
以硯箱蓋為例，是用當時最高超的蒔繪寄法描繪出的圖樣，試著瞭解其表達的意象與意義。

竹籃・便當盒
初音帖是描寫新春的故事。裝滿糖果的竹籃和塞滿料理的便當盒等正月賀禮被送到明石公主的宅邸。

黃鶯
黃鶯意味著母親明石之上寫給明石公主的和歌。那首歌寫著「幽寂歲月綠又至，何時早等聲再來（年月を松にひかれて経る人に 今日鶯の初音聞かせよ）」。

留守模樣
蒔繪中沒有畫出人物，透過宅邸或景觀描述故事情景，稱作留守模樣。讓參觀者猜想是畫哪篇故事。

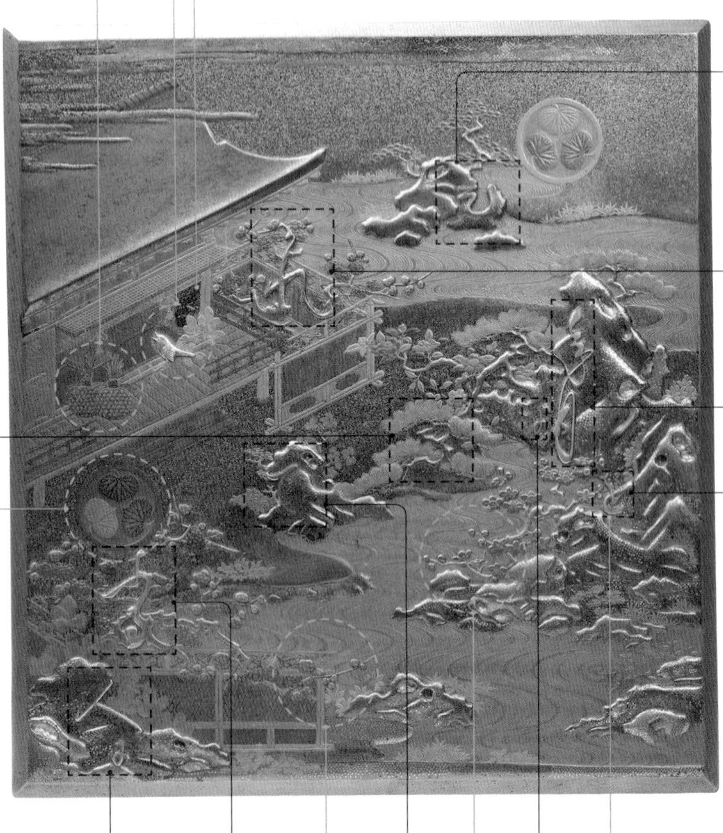

ひ（飛）
かれ
年月
を
松（まつ）
人に（丹）
ふる
て
に（尔）

三葉葵
德川家的家紋，三葉葵。在初音用品中，使用銀或銅來改變三葉的顏色。連這麼細微的設計都有做到。

梅花
代表新春的紅白色梅花。紅梅是貼上紅珊瑚浮雕，白梅則是銀質浮雕，看起來就像是鑲嵌上去的。

和歌
母親・明石之上寫給明石公主的「幽寂歲月綠又至…」，初音用品的蒔繪中，一定藏有這首和歌。

這些也很吸睛！珍品‧名品收藏

在德川美術館龐大的收藏品當中，不僅是歷史性、美術性價值相當高的名品，
還有很多不為人所知的珍品、奇品。以下將展示不同風格的大名用品。

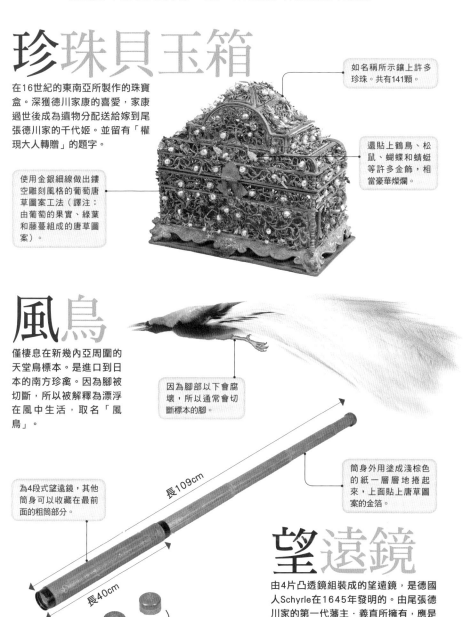

珍珠貝玉箱

在16世紀的東南亞所製作的珠寶盒。深獲德川家康的喜愛，家康過世後成為遺物分配送給嫁到尾張德川家的千代姬。並留有「權現大人轉贈」的題字。

> 如名稱所示鑲上許多珍珠。共有141顆。

> 還貼上鶴鳥、松鼠、蝴蝶和蜻蜓等許多金飾，相當豪華燦爛。

> 使用金銀細線做出鏤空雕刻風格的葡萄唐草圖案工法（譯注：由葡萄的果實、綠葉和藤蔓組成的唐草圖案）。

風鳥

僅棲息在新幾內亞周圍的天堂鳥標本。是進口到日本的南方珍禽。因為腳被切斷，所以被解釋為漂浮在風中生活，取名「風鳥」。

> 因為腳部以下會腐壞，所以通常會切斷標本的腳。

> 簡身外用塗成淺棕色的紙一層層地捲起來，上面貼上唐草圖案的金箔。

> 為4段式望遠鏡，其他簡身可以收藏在最前面的粗簡部分。

長109cm

長40cm

鏡蓋

望遠鏡

由4片凸透鏡組裝成的望遠鏡，是德國人Schyrle在1645年發明的。由尾張德川家的第一代藩主‧義直所擁有，應是日本現存最古老的望遠鏡。

愛上武士魂的「知名刀劍」！

館內收藏包含500把刀劍、長刀、長矛、小刀等約1000件刀劍類品。當中有10把國寶，19把文化遺產，收藏品的質與量堪稱國內首屈一指。這裡將介紹最具個性的2把名刀。

Data ....

德川美術館

☎052-935-6262　地址：名古屋市東區德川町1017　交通：從JR中央本線大曾根站徒步10分鐘　費用：入館費1200日圓　開放時間：10點～17點（入館時間～16點30分）公休日：週一（若遇假日則延至次一上班日）

太刀 銘 長光 名物 津田遠江長光

這把可算是鐮倉時代的名匠·長船長光打造的名刀。刀刃整體光亮平整。從織田信長流傳至尾張德川家第4代·吉通，過程相當曲折。為國寶之一。

太刀傳承表

記載在享保名物牒的傳承由來如右所示。織田信長以後，經過各個武將之手。

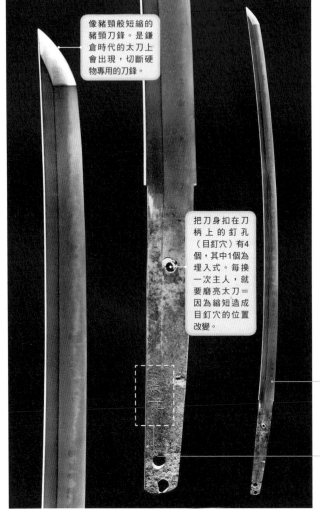

像豬頸般短縮的豬頸刀鋒。是鐮倉時代的太刀上會出現，切斷硬物專用的刀鋒。

把刀身扣在刀柄上的釘孔（目釘穴）有4個，其中1個為埋入式。每換一次主人，就要磨亮太刀＝因為縮短造成目釘穴的位置改變。

織田信長
　┃
　┃因本能寺之變從安土城奪走
　↓
明智光秀
　↓
津田重久
　┃
　┃明智光秀的家老（遠江守）
　↓
前田利長
　┃
　┃加賀藩祖·前田利家的長男
　↓
前田利常
　┃
　┃加賀藩祖·前田利家的四男
　↓
第5代將軍
德川綱吉
　↓
第6代將軍
德川家宣
　┃
　┃將軍賞賜
　↓
尾張德川家第4代藩主
德川吉通

太刀

佩帶在腰部時刀刃朝下的就是太刀。江戶時代以後，主要用於禮儀方面。這把太刀的刀刃長71.8cm、弧度為2.1cm。

長光

長光是長船派始祖·光忠之子。長船派是活躍於備前國（岡山縣）的刀匠流派。據說長光的技術直逼其父。

刀銘 本作長義天正十八年庚刁五月三日二九州日向住国広銘打
天正十四年七月二十一日小田原参府之時従屋形様被下置也長尾新五郎平朝臣顕長所持

備前長船的刀匠‧義之作。刀身寬且雄壯，是長義作品中最優秀的一把刀。根據尾張家的古籍記載，本刀是延寶9年（1681）6月花費一百五十二兩一分購入。是重要文化遺產。

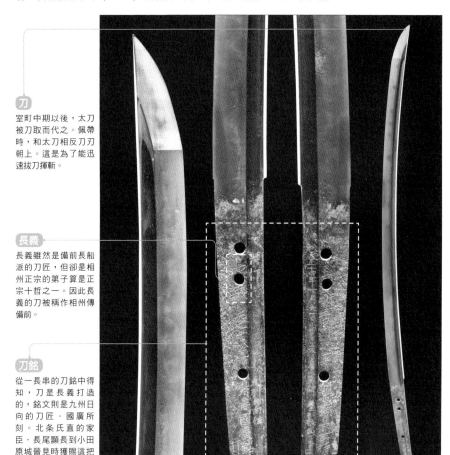

刀

室町中期以後，太刀被刀取而代之。佩帶時，和太刀相反刀刃朝上。這是為了能迅速拔刀揮斬。

長義

長義雖然是備前長船派的刀匠，但卻是相州正宗的第子算是正宗十哲之一。因此長義的刀被稱作相州傳備前。

刀銘

從一長串的刀銘中得知，刀是長義打造的，銘文則是九州日向的刀匠‧國廣所刻。北条氏直的家臣‧長尾顯長到小田原城晉見時獲賜這把刀。

刀 的 各 部 位 名 稱

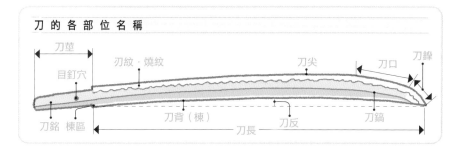

刀莖　刃紋‧燒紋　刀尖　刀口　刀鋒
目釘穴
刀銘　棟區　刀背（棟）　刀反　刀鎬
刀長

MEMO 德川美術館每週六有舉辦以中小學生為對象的解說‧體驗教室。可以看刀、作版畫、觸摸火繩槍等，每個月進行的內容都不同。免費參加。

41

大名庭園的造景寓意是？

德川園

德川園是尾張第2代藩主‧德川光友興建的隱居場所，原本是大曾根宅邸。昭和6年（1931）尾張德川家把宅邸和庭園捐贈給名古屋市，成為「德川園」對外開放。但是，幾乎焚毀於昭和20年（1945）的大空襲中。之後雖然成為一般公園供民眾使用，卻在2004年重新整建成池泉回游式的大名庭園直到現在。庭園中有海、山、里三區，濃縮了象徵東海地區的自然景觀。一起來欣賞庭園設計與隨著四季變化而改變的庭園美景。

隱藏於大名庭園中的各種『寓意』

重現江戶時代大名庭園的德川園。濃縮了象徵東海地區的自然景觀，藏有顯示大名權力的技法。貼近細看庭園寓意的構思。

❶龍門瀑布

以鯉魚躍過瀑布化身為龍的登龍門傳說為基礎。重現位於江戶尾張藩下屋敷的瀑布。訪客一走完自瀑布延伸而下的溪流飛石，飛石就被突然增加的水量淹沒，這也是設計的機關之一。

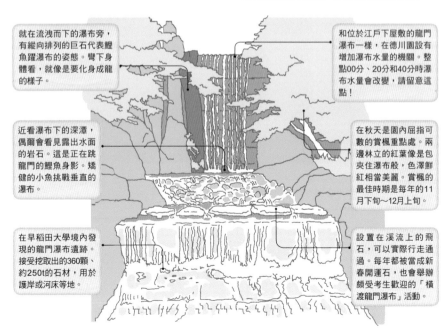

就在流洩而下的瀑布旁，有縱向排列的巨石代表鯉魚躍瀑布的姿態。彎下身體看，就像是要化身成龍的樣子。

和位於江戶下屋敷的龍門瀑布一樣，在德川園設有增加瀑布水量的機關。整點00分、20分和40分時瀑布水量會改變，請留意這點！

近看瀑布下的深潭，偶爾會看見露出水面的岩石。這是正在跳龍門的鯉魚身影。矯健的小魚挑戰垂直的瀑布。

在秋天是園內屈指可數的賞楓重點處。兩邊林立的紅葉像是包夾住瀑布般，色澤鮮紅相當美麗。賞楓的最佳時期是每年的11月下旬～12月上旬。

在早稻田大學境內發現的龍門瀑布遺跡。接受挖取出的360顆、約250t的石材，用於護岸或河床等地。

設置在溪流上的飛石，可以實際行走通過。每年都被當成新春開運石，也會舉辦頗受考生歡迎的「橫渡龍門瀑布」活動。

❷ 龜島

被比喻為佐久島、篠島、日間賀島三島連成一體，漂浮在龍仙湖上的小島。是唯一沒有用橋作連結的島嶼，狀如其名像是烏龜。

烏龜朝向被比喻為先人的守護石游去。烏龜雖然長壽仍有年限。若得仙人法力就會長生不老吧。

背上的松樹是鶴。是「鶴千年、龜萬年」的長壽象徵。

❸ 龍仙湖

被比擬成三河灣的池塘，位於池泉回遊式庭園的中心。池中漂浮著數座小島，水邊有船隻渡口等。

❹ 西湖堤

當時的文化人士憧憬的風景名勝區，中國杭州西湖的縮影。模仿西湖堤防，加入異國風情。

Data ·················

德川園

☎052-935-8988　**地址**：名古屋市東區德川町1001　**交通**：從JR中央本線大曾根站徒步10分鐘　**費用**：入園費300日圓　**開放時間**：9點30分～17點30分（入館時間～17點）　**公休日**：週一（若遇假日則延至次一上班日）

牡丹園

守護石

大曾根口

洗手間

案內所

❹ 西湖堤

❸ 龍仙湖

四睡庵

❷ 龜島

❺ 大曾根瀑布

N

觀仙樓

❶ 龍門瀑布

虎之尾

洗手間

黑門口
遊客中心

❺ 大曾根瀑布

位於德川園中的最高處，從這流下來的水會經過名為虎之尾的溪流，匯入龍仙湖。落差6m，瀑布由3段組成，變化豐富。

第1段

第2段

第3段

巨石沒有橫躺下來，反而是豎立著，代表強而有力的大名＝權力。使用多塊巨石，相當值得一看。

從瀑布流洩而下的水量每分鐘4t。除了取自龍仙湖循環利用外，1天還需補充60t。水源是地下水。

上、中、下段的岩石排列方法各不相同。瀑布是修行的場所，累積修練登上上段，也是代表鍛鍊的決心。

受尾張藩保護，優雅至極的古式鸕鷀捕魚

岐阜長良川鸕鷀捕魚

起源可追溯至7世紀飛鳥時代的長良川鸕鷀捕魚。戰國時代受到信長保護，德川家康在大坂戰役的歸途中觀賞過後，也相當喜歡鸕鷀捕魚。元和5年（1619）成為尾張藩的領地，鸕匠受到尾張藩保護並上繳香魚。尾張藩賦予鸕匠各種特權，保護其生活。像這樣受到歷代當權者的保護，流傳下來的長良川鸕鷀捕魚，是代表日本的珍貴傳統文化。

Data
岐阜長良川鸕鷀捕魚
☎058-262-0104（岐阜市鸕鷀捕魚觀光船事務所） 地址：岐阜県岐阜市湊町1-2
交通：從JR或名鐵岐阜站轉岐阜公車車程約10分鐘，在長良橋公車站下車即到
費用：A行程3400日圓、B行程3100日圓（例假日一律為3400日圓）※需預約
開放時間：5月11號～10月15號的18點15分～19點15分出港　公休日：中秋月圓之日、漲潮時

Check! 觀賞鸕鷀捕魚的流程

雖然鸕鷀捕魚也能從河岸或橋上看到，但想觀賞鸕匠精湛的技巧和鸕鷀的姿態還是乘坐觀光船比較好。可以自行攜帶便當或飲料，也可以選擇附便當和茶的套餐組合。

在位於老街川原町的鸕鷀捕魚觀光船事務所預約報名。也可以在附近買票。

17點45分左右，在乘船處聆聽鸕匠說明鸕鷀捕魚。相當淺顯易懂！

A行程在18點15分，B行程在18點45分或19點15分開船。

總絡完成後表示鸕鷀捕魚結束。鸕鷀也回到了船上。在約20點30分～21點下船。

和鸕鷀船併行順流而下，觀光船會停下觀賞6艘鸕鷀船放下鸕鷀捕魚的情景。

19點45分左右，施放的煙火是鸕鷀捕魚開始的信號。請在開始前用完餐。

鸕鶿捕魚的組合

由鵜匠、中乘和艫乘3人1組，共乘全長約13m的鸕鶿船，鵜匠熟練地拉扯手繩控制鸕鶿捉香魚。讓我們一起來看看傳承了1300年幾乎沒有變過的日本傳統漁法組合。

鵜匠的服裝

保護頭部避免被篝火燒到的風折烏帽子。黑色或深藍色的麻製品。

漁夫服是黑色或深藍色的棉製品。

稻草短蓑衣。可以防水預防身體變冷。

阻擋飛散的火星或松脂油的護胸套。

長度只有普通草鞋一半的短草鞋。對魚脂水垢有防滑效果。

鵜匠

控制鸕鶿捕魚的人，正式名稱是宮內廳式部職鵜匠。代代世襲制，由雙親傳授給後代子孫。

船槳

控制漁船的工具。用於水深，木桿無法觸底的地方。艫乘和中乘拿的船槳長度不同。

艫乘

負責掌舵的人。

篝棒

懸掛篝火的木棒。為了減少摩擦，將木槿的枝葉一起塞入插著木棒的孔洞中。

中乘

鵜匠、艫乘的助手。

鸕鶿籠

裝鸕鶿的籠子。每個籠內裝4隻鸕鶿。

篝火

鸕鶿捕魚時的照明。在鐵籠中點燃赤松木柴。燃燒赤松的原因是油脂多易燃。

手繩

控制鸕鶿時使用的繩索。鵜匠可以同時控制10～12條繩索。

吐籠

用來讓鸕鶿吐出含在嘴中的魚。因為鸕鶿船的晃動劇烈，須固定住籠底。

鵜匠和鸕鶿一起生活訓練牠們，為了不吞下香魚，在脖子套上繩結捕魚。

鸕鶿

鵜匠馴養的海鸕鶿。會潛入水中捕魚。

掀起高潮的總絡

6艘鸕鶿船在河上排成一列，鵜匠一邊發出「喔喔」的聲音一邊齊力把香魚追趕至淺灘進行圍獵的漁法。

味噌衍生而出的名古屋食物圖

早餐喝紅味噌湯，中餐吃味噌煮烏龍麵、晚餐吃味噌豬排，一天的開始結束都是味噌，愛知縣民在飲食上無味噌不可。說到代表性味噌，就是用豆類味噌製成的八丁味噌。來看看因八丁味噌而衍生出的名古屋美食族譜吧！

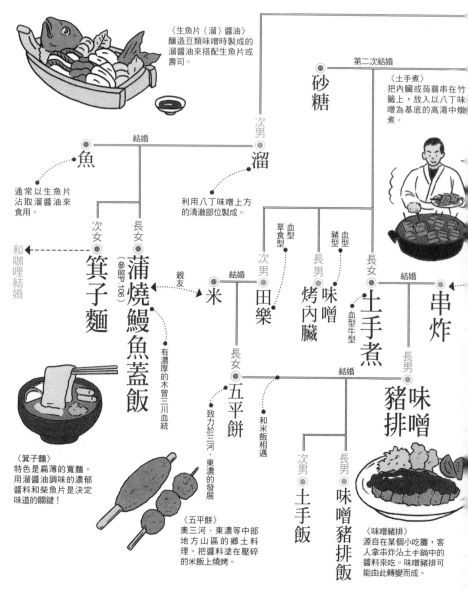

〈生魚片（溜）醬油〉
釀造豆類味噌時製成的溜醬油來搭配生魚片或壽司。

第二次結婚

砂糖

〈土手煮〉
把內臟或蒟蒻串在竹籤上，放入以八丁味噌為基底的高湯中燉煮。

次男　魚　結婚　溜

通常以生魚片沾取溜醬油來食用。

利用八丁味噌上方的清澈部位製成。

次女　長女　次男　長男　長女　長男
箕子麵　蒲燒鰻魚蓋飯（參照P.106）　米　田樂　烤內臟　味噌　土手煮　串炸

和咖哩結婚

親友　結婚

草食型　豬型　血型　血型牛型

有濃厚的木曾三川血統

〈箕子麵〉
特色是扁薄的寬麵。用溜醬油調味的濃郁醬料和柴魚片是決定味道的關鍵！

致力於三河・東濃的發展

長女　五平餅

和米飯相遇

結婚

豬排　味噌

次男　長男
土手飯　味噌豬排飯

〈五平餅〉
奧三河・東濃等中部地方山區的鄉土料理。把醬料塗在壓碎的米飯上燒烤。

〈味噌豬排〉
源自在某個小吃攤，客人拿串炸沿土手鍋中的醬料來吃。味噌豬排可能由此轉變而成。

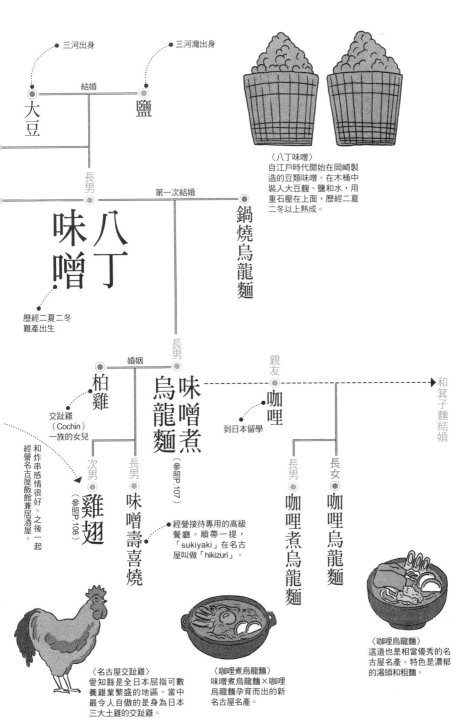

三河出身

三河灣出身

大豆 結婚 鹽

〈八丁味噌〉
自江戶時代開始在岡崎製造的豆類味噌。在木桶中裝入大豆麴、鹽和水，用重石壓在上面，歷經二夏二冬以上熟成。

長男

八丁味噌 第一次結婚 鍋燒烏龍麵

歷經二夏二冬
難產出生

柏雞 婚姻 長男 味噌煮烏龍麵（參照P.107）

交趾雞（Cochin）一族的女兒

親友 咖哩 到日本留學

和箕子麵結婚

和炸串感情很好。之後一起經營名古屋飯館兼居酒屋。

次男 雞翅（參照P.108）

長男 味噌壽喜燒

經營接待專用的高級餐廳。順帶一提，「sukiyaki」在名古屋叫做「hikizuri」。

長男 咖哩煮烏龍麵

長女 咖哩烏龍麵

〈名古屋交趾雞〉
愛知縣是全日本屈指可數養雞業繁盛的地區。當中最令人自豪的是身為日本三大土雞的交趾雞。

〈咖哩煮烏龍麵〉
味噌煮烏龍麵×咖哩烏龍麵孕育而出的新名古屋名產。

〈咖哩烏龍麵〉
這道也是相當優秀的名古屋名產。特色是濃郁的湯頭和粗麵。

名古屋人喜歡重口味？

日本味噌分布圖

如同「每個地區都有味噌釀造廠」所言，味噌是日本人飲食文化中不可或缺的食材。其中米味噌佔了8成，九州和四國部分區域主要食用麥味噌。不用米或麴以大豆和食鹽為原料製成的豆類味噌是中京圈特有的味噌，甘美濃郁帶有苦味。

米味噌圈
米麴和大豆發酵製成。有信州味噌或關西的白味噌等，雖然甜度和鹹度不同但原料相同。

豆類味噌圈
在蒸過的大豆中加入種麴及炒香的大豆粉進行釀造的獨特做法，熟成時間長需費時3年。

麥味噌圈
用麥麴代替米。大部分是農家為了自用而製作，又被稱作「田舍味噌」。

只有東海地區是豆類味噌文化！

取材自日本全國味噌工業協同組合聯合會 中央味噌研究所的「味噌文化誌」。

中濃醬、伍斯特醬的分界線

味道清爽偏辣的伍斯特醬，和甘甜濃郁的中濃醬。在東日本家庭是中濃醬一枝獨秀，西日本則是傾向使用以伍斯特醬為主軸所調製，比中濃更厚重的豬排醬。但是只有位於伍斯特醬圈的中京圈有地區限定的濃口伍斯特醬，和味噌等是淋在炸豬排上的基本醬料。

Bull Dog、龜甲萬
伍斯特醬在東日本的使用率不到西日本的一半。濃度約是居中的中濃醬。

可果美、Komi
雖然在伍斯特醬圈，但追求像Komi濃口（參照P.76）般的獨特濃郁味。

Otafuku、Ikari
伍斯特醬、豬排醬還有御好燒醬等，傾向依菜色或喜好做區分。

中濃・伍斯特醬的界線是東海圈！

取材自日經POS data。
2016年Chef-ri調查

第 2 章

被譽為製造王國的愛知縣。從自古流傳下來的傳統工藝
到傲視全球的工業製品，愛知品牌居然有這麼多！

Made in 愛知

製造王國・愛知的全日本生產第一的產業

愛知產業MAP

TOYOTA產業技術紀念館 **P.52**
則武之森 **P.56**

INAX Live Museum **P.60**

以帶領世界的汽車工廠・
TOYOTA為首，身為「製造」產地
而聞名的愛知縣。
產品出貨量連續38年
都是日本第一！
以下將介紹
愛知的主要產業。

各都道府縣製造業出貨量等BEST 5
～取材自經濟產業省「2014工業統計調查（經證實）」～

愛知	約43兆
神奈川	約17.4兆
靜岡	約15.8兆
大阪	約15.6兆
兵庫	約14.5兆

愛知縣
遙遙領先！

業務用機械

事務用機器或醫療器材等業務用機械。以複合機和裁縫機聞名的兄弟（brother）工業，在全世界展開多樣化的事業！

 1 Brother Communication Space
展示館

介紹兄弟工業超過百年以上的歷史和產品。也是展示全世界縫紉機的博物館。☎052-824-2227 地址：名古屋市瑞穗区塩入町5-15 交通：從地下鐵名城線堀田站徒步3分鐘 費用：免費 開放時間：10點～17點 公休日：第1、3、5週的週六、週日、兄弟工業指定休假日（另定） 停車位：11個

陶瓷業、土石

瀨戶、常滑之外，三河的黏土瓦產量佔日本的70%。是自古便在該縣深耕的地方產業。

 **2** 丸榮陶業

燻瓦產量是日本No.1的工廠。可以參觀帶有解說的三州瓦製造工程。發現耐久度、舒適性絕佳的三州瓦魅力！☎0566-48-5115 地址：碧南市白沢町1-38 交通：從名鐵三河線二河高浜站開車10分鐘 費用：免費 開放時間：9點～15點（週六～12點）※需預約 公休日：週日 停車位：有

輸送用機械

以總公司設在豐田市的
TOYOTA汽車為主，
以TOYOTA集團為首，
眾多集團、關係企業支撐著日本的製造業！

3 TOYOTA會館

除了展示TOYOTA及LEXUS的車輛外，還有介紹最新技術。事先預約的話就能參觀組裝工廠（週一～週五）。
☎0565-29-3345 **地址**：豐田市トヨタ町1 **交通**：從愛知環狀鐵道三河豐田站徒步20分鐘 **費用**：免費 **開放時間**：9點30分～17點 **公休日**：週日（另有其他休館日）**停車位**：800個

4 DENSO藝廊

介紹世界數一數二的汽車零件製造廠。DENSO的歷史與最新技術。也可以透過影像或體驗展示機來學習零件的功能。☎0566-61-7215 **地址**：刈谷市昭和町1-1 **交通**：從JR東海道本線刈谷站徒步7分鐘 **費用**：免費 **開放時間**：9點30分～17點 **公休日**：週六、週日、公司休假日（每月1次在公司休假日時開放）**停車位**：250個

醋

日本飲食文化不可或缺的食用醋。
在國內的食醋工廠中，
穩坐第一把交椅的mizkan集團，
是總公司設於半田市的老字號食品工廠。

6 MIZKAN MUSEUM

事先預約可以學習製醋歷史和飲食文化的體驗型博物館。也有在江戶時代自半田港出海，把醋運送到江戶的實體大「弁才船」。☎0569-24-5111 **地址**：半田市中村町2-6 **交通**：從JR武豐線半田站徒步3分鐘 **費用**：入館費300日圓 **開放時間**：9點30分～17點 **公休日**：週四 **停車位**：39個

鋼鐵業

汽車車體或零件等，
製造業不可或缺的鋼材生產業。
當中愛知製鋼是世界規模最大的
鍛造單一工廠！

5 愛知製鋼鍛造技術館

介紹可以說是愛知製鋼的車用鍛造零件製作技術、鍛造技術和技能的源頭，知多半島當地的大野鍛冶傳統技術。
☎052-603-9383 **地址**：東海市荒尾町ワノ割1 **交通**：從名鐵常滑線太田川站開車15分鐘 **費用**：免費 **開放時間**：9點～17點（需預約）**公休日**：週六、週日、公司休假日 **停車位**：17個

蝦仙貝

代表愛知縣的海鮮是斑節蝦。
連當地縣民都很愛吃蝦子，
像名古屋的名產炸蝦飯糰、炸蝦等，
蝦仙貝的產量也是日本第一！

7 蝦仙貝的故鄉
美浜本店

自家生產的蝦仙貝。可透過窗戶看製造過程（平日），體驗烤蝦仙貝（1片300日圓，時間請參考HP）。也有很多試吃品！☎0569-82-0248 **地址**：知多郡美浜町北方吉田流52-1 **交通**：從名鐵河和線河和站開車5分鐘 **費用**：免費 **開放時間**：8點～17點 **公休日**：全年無休 **停車位**：500個

TOYOTA汽車創辦人豐田佐吉與喜一郎的兩大發明

TOYOTA產業技術紀念館

以世界第一的汽車製造廠‧YOTOTA為首，成為代表日本企業的TOYOTA集團。豐田佐吉於大正13年（1924）發明世界最早完全無停止換梭的織布機，G型自動織布機。為了製造這台織布機，佐吉在大正15年（1926）成立豐田自動織布機製造廠。之後，繼承佐吉發明精神的兒子喜一郎於昭和11年

（1936）發表日本最早的量產型轎車，TOYODA AA型汽車。替TOYOTA集團茁壯發展的原動力TOYOTA汽車奠定基礎。在TOYOTA集團17家公司共同經營的TOYOTA產業技術紀念館中，透過機械的現場操作和歷代TOYOTA汽車的展示，來了解全體集團的歷史和豐田家的精神。

認識G型自動織布機的三項專利

以無停止自動換梭裝置為始，佐吉本人又在G型自動織布機上取得超過50項的專利。透過這些專利就能分別進行人工作業和機械作業，產能可提高20倍以上，品質方面也獲得劃時代的提升，對世界各國的纖維產業貢獻良多。當中有3項劃時代的專利成為矚目焦點。

織布機是？
在縱向平行排列的經線上，把橫向的緯線穿在飛梭（投梭裝置）上，互相垂直交錯織布，屬於產業機械。

豐田佐吉
慶應3年（1867），於現在的靜岡縣湖西市出生，是木匠家的長男。看到母親用原始手動織布機織布的情景，立志要發明自動織布機。有多達119件的發明及新型專利。

無停止
自動換梭裝置

當時的織布機5～8分鐘左右會用完緯線，每次加線織布機就必須停工，佐吉為了提升編織效率，認為自動補充緯線相當必要。藉著這項發明1個人可以操作30～40台織布機。

❶ 安裝10個一組穿上緯線的飛梭。以人力補充飛梭。

❷ 緯線快用完時機械會檢測得知，槌子會像打不倒翁般敲出空飛梭，自動補上新飛梭。

❸ 被敲出的空飛梭掉下來。

❹ 在空飛梭上穿線，再裝回❶上。

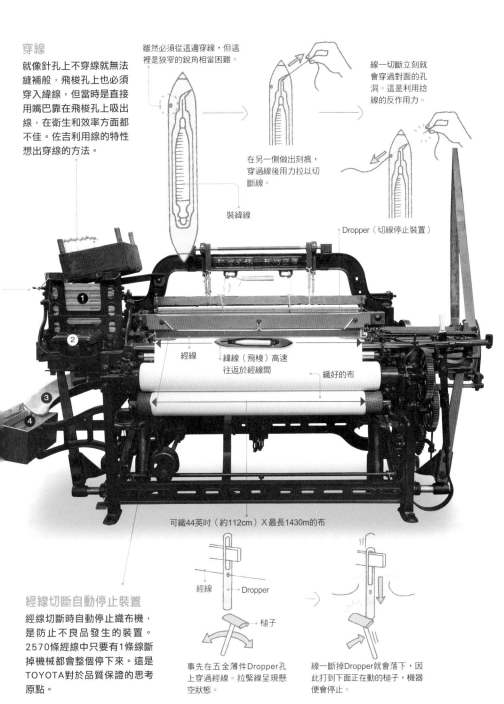

穿線

就像針孔上不穿線就無法縫補般，飛梭孔上也必須穿入緯線，但當時是直接用嘴巴靠在飛梭孔上吸出線，在衛生和效率方面都不佳。佐吉利用線的特性想出穿線的方法。

雖然必須從這邊穿線，但這裡是狹窄的銳角相當困難。

線一切斷立刻就會穿過對面的孔洞。這是利用捻線的反作用力。

在另一側做出刻痕，穿過線後用力拉以切斷線。

裝緯線

Dropper（切線停止裝置）

經線

緯線（飛梭）高速往返於經線間

織好的布

可織44英吋（約112cm）X 最長1430m的布

經線切斷自動停止裝置

經線切斷時自動停止織布機，是防止不良品發生的裝置。2570條經線中只要有1條線斷掉機械都會整個停下來。這是TOYOTA對於品質保證的思考原點。

經線 — Dropper

槌子

事先在五金薄件Dropper孔上穿過經線。拉緊線呈現懸空狀態。

線一斷掉Dropper就會落下，因此打到下面正在動的槌子，機器便會停止。

MEMO 館中收藏的G型自動織布機第1號被認定為「機械遺產」。透過作業員的操作讓G型自動織布機同時運轉起來的集體運轉是必看點。機械纖維館的團體解說是每天10點、13點30分開始。

TOYOTA汽車的原點，
TOYODA AA型轎車

決定製造符合日本國情的大眾轎車的喜一郎所開發，TOYOTA最初的量產型轎車。劃時代的流線型設計和日式構思、舒適的乘坐感，不亞於國外轎車。製造了1404台，AA型奠定的技術成為支撐後來汽車產業的基礎。

(豐田喜一郎)
明治27年（1894）出生，是豐田佐吉的長男。東京帝國大學工學部機械工學系畢業後，回到名古屋進入父親的公司（豐田自動織布機）。在同公司設立汽車部門，之後成立TOYOTA汽車。

TOYODA AA型的外觀特徵

以美國車為範例，採用當時剛開始流行的流線型車體，並且加入符合當時日本人喜好的設計。日本國內目前沒有現存車，館內收藏的是復原車。

因為是豐田（TOYODA）自動織布機汽車部門製造販售，所以不用TOYOTA的名稱而是TOYODA。昭和12年（1937）1月成為TOYOTA汽車工業股份有限公司，TOYODA因此變成壽命僅3個月的標誌。以正反富士山為圖像，取日本第一、漸入佳境等好兆頭。

當時沒有玻璃彎曲的技術，全部採用平面玻璃。

窗戶為手動關閉。

支撐身體的車內扶手。採用日本紐繩。

後面的小窗可以打開。

價格多少？
當時的售價是3350日圓，以現在的幣值換算超過1000萬日圓。是財界人士或政治家等有司機駕駛的高級車。

全長4785mm

門是左右對開。

以老闆乘坐的後座為優先，前座狹窄。

踏板寬敞方便上下車。

用長刀筆畫出的2條金線。是現今無法重現的職人技術。

車體顏色有黑、藍、米3色。氣派的黑色最受歡迎。

主要規格
1936年TOYODA AA型
車重1500kg
FR・A型水冷6缸I4循環
OHV3389cc引擎

最大輸出 65ps/3000rpm
最大扭力 19.4kgm/1800rpm
壓縮比 5.42：1
變速器3速MT
乘坐人員5人

生產工廠　豐田自動織布機製造所　汽車部（TOYOTA汽車的前身）
銷售公司　日之出motors（現在的愛知TOYOTA汽車）

雨刷只裝在駕駛座一側。因為是利用引擎空壓來驅動，一旦加速擺動就會變快，停下來就會變慢！

引擎蓋是左右背對開啟。

全寬1730mm

引擎不轉動時，從這個洞插進手搖柄旋轉。

總高1736mm

（AA型）

油箱孔

後照燈一變暗司機就會從車上下來利用開關手動點燈。

剎車燈

駕駛座有點辛苦⁉

3速MT（manual，手排）車中的非動力方向盤操控起來相當費力，而且當時的道路也沒有鋪柏油。一定要有技術和體力才能開車。

右起是電流‧油壓計‧速度表、汽油‧水溫計。留下最高速度110km/h的紀錄。

儀表板是在鐵片上用明膠轉印出豐川稻荷正門的木紋。

為了不驚嚇到走在路上的馬或牛，規定要用音色自然的空氣喇叭，用大腿夾住氣球部分發出聲音。一邊踩著加速器、離合器和剎車一邊擠壓，真是高難度動作。

Data

TOYOTA產業技術紀念館

☎052-551-6115　地址：名古屋市西區則武新町4-1-35　交通：從名鐵名古屋本線榮生站徒步3分鐘、從各線名古屋站徒步25分鐘　費用：入館費500日圓　開放時間：9點30分～17點　公休日：週一（若遇假日順延至隔天）

📖MEMO　在汽車館中有舉辦以中小學生為對象製作AA型轎車的吊飾和迴力車活動。免費參加，但只在週六、週日、國定假日、春假、暑假及寒假進行。汽車館的團體解說是每天11點15分、14點45分開始。

55

跨越國際領域，大放異彩的餐具及製造技術

則武之森

從年譜看世界情勢、生活變化與則武的進展

1896	1904	1914	1933	1955
創立出口公司·森村組	創立日本陶器（現在的則武公司）	出口晚宴餐具組「SEDAN」	則武成功生產日本最早的骨瓷	跨足日本公營住宅
為了取得舶來品以豐富日本市場於是展開海外貿易。	成立日本最早的西式餐具量產工廠。	因第一次世界大戰的影響，歐洲餐具的出口量銳減。	利用特色商品以打入高級品市場為目標。	陸陸續續興建1000～5000戶的5層樓住宅區。

【1914】SEDAN

日本最早生產的12人份晚宴餐具組。適合西式餐具的純白材質開發過程困難重重的課題。形狀一致更是重要的課題。①的餐盤是最先做出的成品之一，中間紙上寫有設計要點。

①晚餐盤 ②沙拉盤 ③蛋糕盤 ④附蓋奶油盤 ⑤麵包盤 ⑥水果盤 ⑦湯盤 ⑧杯盤組 ⑨糖罐

●為方便刀叉使用，餐盤邊緣有段差。

①②③⑤⑥⑦⑧⑨

底部設計成可以放冰塊的奶油盤。

則武的代表性晚餐盤

①②③④⑤

要賺回流向海外的日本資金，受到福澤諭吉建議的森村市左衛門創立國際貿易公司‧森村組。這就是則武的起源。當初在NY販售日本的雜貨品，卻以製造花瓶等陶瓷器（流行品）嶄露頭角。在歐洲高級品蔚為主流的時代，則武販售的產品品質精良、價格實惠，在美國頗受好評，甚至為了增加營業額決定製造需求量大的西式餐具。但是開發過程困難重重，完成日本最早的晚宴餐具組已經是大正3年的事了。之後繼續研究，成功製造日本最早的骨瓷等，開發出符合時代的商品，對日本西式餐具文化的滲透也貢獻良多。

1959	1967	1979	1986	2004
皇太子殿下、美智子太子妃成婚	在美國銷售家用微波爐	則武成立75周年	泡沫經濟開始	則武成立100周年
美智子太子妃的服飾與生活成為日本國人的崇尚指標。	迅速地普及到一般家庭。當時的電烤箱普及率約是100%。	公司的示範工廠「工藝中心」開工。	到了80年代一般日本家庭也開始流行使用高級西式餐具。	2001年「則武之森」開幕做為100周年紀念。

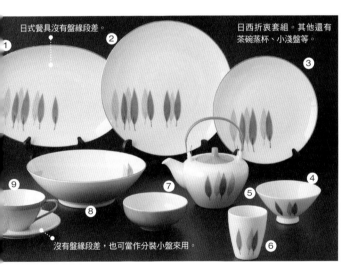

日式餐具沒有盤緣段差。

日西折衷套組。其他還有茶碗蒸杯、小淺盤等。

沒有盤緣段差，也可當作分裝小盤來用。

【1959】若杉

隨著國內生活型態的西式化，開始販售「家庭套件」。以1個月500日圓×10個月的預購形式，每個月都能收到可以配成套的商品。若杉是以皇太子殿下（現在的天皇）成婚紀念特別預購會的名義來發售。日式料理與西式料理皆適用，努力設計出方便日本家庭使用的餐具。

①橢圓盤 ②大盤 ③中盤 ④飯碗 ⑤急須壺 ⑥茶杯 ⑦小鉢 ⑧大鉢 ⑨杯盤組（分裝小盤）

1 Azalea（1914）／透過刊登在家庭用品郵購公司的型錄上，讓則武之名傳遍全美的圖案。生產品項超過80種。

2 Laureate（1956）／昭和25年（1950）左右開發，使用銅板印刷的白色花紋設計。

3 Oopsy Daicy（1966）／隨著生活型態的變化，開發日常輕鬆使用的耐熱強化餐具。做為業務用餐具也頗受好評。

4 Inauguration（1979）／最高級白瓷‧鑽石收藏品的圖樣。為紀念創立75周年在工藝中心製造。

5 Yosino（1988）／昭和6年（1931）以發售中的Silyl為基礎加上變化，是則武的代表性圖樣。

📕 MEMO　在位於工藝中心3、4樓的「則武博物館」中，以Old Noritake為首最早的晚宴餐具組到代表時代的晚餐盤等，展示多種餐具組。還能學到則武餐具的演變。

57

優美中藏有世界最高峰的技術！

則武的產品活用日本美學意識和日本人精巧的手藝，
運用花費心力獨自開發出的各種技法。
其技法就算在海外也頗受好評，將則武之名推廣至全世界。

Masterpiece Collection（大師系列）〈Queen's Garden〉

Masterpiece Collection是投入創立以來所培養的技術和技能生產出的最高級商品總稱。在其代表性作品下午茶組「Queen's Garden（全套價格1200萬日圓！）」中看見則武的技術。

由1位職人花費半年完成的素描。因為是手工繪製每件都有微妙的表情。

在美艷的薔薇旁畫上覆盆子和李子等的果實，表現出華麗且自然的王妃庭園。

茶壺和碗上採用散發出綠紫色光澤的金屬色澤顏料。

蕾絲押花模&轉印＋擠繪

趁盤子尚未變硬時，每一個都用手壓模以免變形，接著燒製。

配合形狀貼上轉印紙。

以擠繪技法手工畫出立體花紋。

素描技法（hand paint）

則武素描的基礎是用平刷毛畫的「紅薔薇」。是則武職人最先學會的技術。用平刷毛畫可以形成自然的漸層，能呈現出栩栩如生的樣貌。

在單邊刷毛上沾取較多的顏料做調整。

刮除多餘的顏料。

活用漸層法疊畫花瓣。

細莖部分也同樣用平刷毛來畫。

從陶瓷器開始的則武進化系統樹

雖然則武＝陶瓷器，但那僅是則武事業的一小部分。
「混合」黏土，「描繪」圖案、「修整」坯體、「燒製」，製造陶瓷器培養出的技術，
就在我們周遭生活的各處！

機體材料

觸碰面板

船舶引擎、零件

燒製

眼鏡鏡片

無痛注射

燒製爐
多數產品的製造過程
必定會有加熱工程。
則武的加熱裝置可以
對應多種溫度，活躍
於多樣領域中。

修整

食品

汽車引擎、零件

磨刀石
從削除、研磨的技術
開發出磨床和研磨砂
紙。小東西、大物
件、硬物，什麼都可
以磨。

液化石油氣的臭味

自來水的氯氣

瀝青加工

混合

描繪

指引標誌

靜態混合攪拌管
（Static Mixer）
只要讓液體或氣體等
通過管道就能混合，
開發環保且安全的特
殊攪拌管。

印刷
使用於餐具上的轉印
紙。因可應用於無法
印刷的材質或曲面
上，成為代替塗裝的
技術而大受注目。

安全帽

食品

球拍

製造陶瓷器

Data
則武之森
☎052-561-7290 **地址**：名古屋市西區則武新町3-1-36
交通：從地下鐵東山線龜島站徒步5分鐘、從各線名古屋
站徒步15分鐘 **費用**：工藝中心入館費500日圓 **開放時
間**：10點～17點（依設施而異） **公休日**：週一（若遇假
日順延至隔天）、年底年初

磁磚文化、廁所歷史

INAX Live Museum

在首波產業化浪潮席捲而來的明治～大正時期，常滑陶工伊奈初之丞和兒子長三郎試作日本最早的馬賽克磁磚，並在美國舉辦的世界大博覽會上展出陶管，陸續將腦中嶄新的創意實體化。在大正13年（1924）成立製造建材磁磚·陶瓦的依奈製陶股份有限公司（後

來的INAX，現為LIKIL）。自昭和20年（1945）開始製造衛生陶器維持日本人住宅的舒適性。INAX Live Museum就是傳達這家LIXIL原點及產品歷史、文化的體驗·體感型設施。透過該公司的代表性產品磁磚與馬桶，感受不斷往更優美更具功能性進步的人類造物精神。

隨著建築裝飾歷史出現的紅磚、磁磚

作為建材的日曬磚瓦早在西元前4000年一登場，人們就發明了燒製磚瓦以提升強度。接著更生產了建築裝飾材料磁磚，人類一路上都在追求更堅固美麗的建築物。

隧道窯

在高度成長期昭和40年代以後的大樓建築熱潮。導入的窯廠可以量產，連續燒製貼於大樓外觀上品質一致的磁磚。昭和47年（1972）～2005為止都在運轉。

`台車`

裝載磁磚的台車慢慢地一邊在鋪了軌道的窯內前進，一邊燒製磁磚。載著製品的土台是用耐高溫的黏土質耐燃物做成，並設法不讓高溫空氣捲入鐵製的台車和車輪上。

在全長80m的隧道內台車走了2～3天

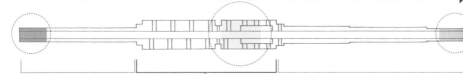

`預熱區`

從入口往中央處，為了避免因溫度差異造成產品變形，慢慢提升溫度的區域。引進燒製區的熱度來提升溫度。

`燒製區`

每處集中配置3座燃燒爐，溫度高達1200～1250℃是窯內溫度最高的場所。內部使用耐熱耐燃的磚瓦。

`冷卻區`

自出口附近帶入外面的空氣，讓燒製成品慢慢冷卻的區域。從窯廠出來時產品的溫度約下降數百℃。

移建上圖○的部分，展示全長16m的隧道窯。

伊斯蘭教和日本的磁磚畫作法之差異

不滿足於土色建築的人們，便在磚瓦表面上色燒製。壁面裝飾色彩的磁磚歷史起源於西元前2650年的金字塔，和伊斯蘭教一起興盛，技法拓展至全世界。

伊斯蘭教

伊斯蘭教創始於7世紀。禁止偶像崇拜，用抽象的幾何學圖樣貼滿禮拜場清真寺。以尺和圓規描繪的線圖為基礎，貼上一片片敲好的磁磚完成馬賽克拼貼。

用類似鐵槌的工具敲打磁磚成形。

翻面後就成為1片裝飾磁磚。再貼到天花板上。

碎磁磚表面朝下排列好後再倒入石膏。

日本

在日本製作馬賽克磁磚是明治以後的事。之後，發展成為規格化形狀和色彩的工業製品，戰後，伊奈製陶開始販售排列色彩豐富的磁磚來作畫的「藝術馬賽克」。

先畫出圖案

放入約1cm大小的方格中，再替換不同的磁磚顏色。

馬賽克磁磚的原點，黏土釘

磁磚的源頭可追溯至西元前35世紀左右，美索不達米亞文化。據推測由圓錐形黏土素燒而成的黏土釘，為了保護在當時氾濫河川下的建築物，便用這些來補強壁面。最後加上色彩，一邊從地面水平地堆起整排的土釘一邊插入土牆內，成為壁面鑲嵌裝飾。

MEMO　從西元前到現今全球25個國家的裝飾磁磚，都可以在INAX Live Museum內的「世界磁磚博物館」中看到。並附設有窯烤披薩店和博物館禮品店。

61

從木製品進展成陶瓷器的馬桶

日本廁所的起源目前尚無定論，但據傳平安時代的貴族已在使用木製便盆。明治中期以後開始大量生產衛生性性佳的陶瓷器便盆，以富人圈為中心普及起來。尤其是明治‧大正時代的青花古便盆上被施以全面性的裝飾，堪稱絕倫！

戶外小廁所

伊奈製陶創辦人的祖父，第四代伊奈長三在明治21年（1888）想出的設計並取得專利。具記載放在常滑市的45個地方。

為了防止雨雪降入加上天花板。有除臭用的小窗。

殿下的木製便盆

在江戶城本丸御休憩之場中，以當時的圖畫為基礎復原了將軍使用的桶箱（馬桶）。木製的便盆上塗著漆，平鋪在榻榻米上，設置得相當高級。

掛衣架

雖說做得像穩住身體的把手般，但卻是為了不被排泄物弄髒掛和服下襬的地方。順帶一提，不是鳥居形狀而是木版形狀時，木板這側為正面，就是現在的便盆前擋。

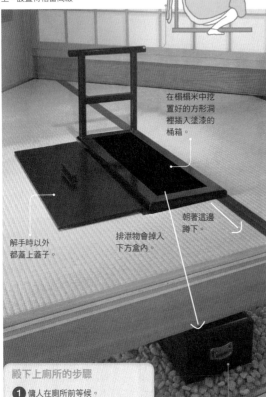

在榻榻米中挖置好的方形洞裡插入塗漆的桶箱。

解手時以外都蓋上蓋子。

排泄物會掉入下方盒內。

朝著這邊蹲下。

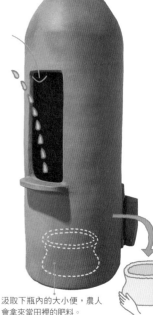

汲取下瓶內的大小便，農人會拿來當田裡的肥料。

更 進 化 的

昭和20年（1945）開始製造衛生陶瓷器以來，開發走在時代先端的馬桶。

踩住按鈕的期間會流出熱水。

SANTITARY 61

在整頓好上下水道，西式馬桶開始漸已流通的昭和39年（1964），進口瑞士的醫療用溫水洗淨馬桶做研究，於昭和42年（1967）開發出日本第一座免治馬桶。

用腳踩黑色按鈕

殿下上廁所的步驟

① 僕人在廁所前等候。

② 掛著和服下襬的殿下蹲下來。

③ 酷暑時有僕人搖扇，寒冬時則放置火盆。

④ 解手後讓僕人用柔軟的紙擦乾淨…

在榻榻米下方設置放入除臭灰或砂的抽屜。解手時一併處理大小便。營養狀態良好的大名或商人的排泄物，據說轉賣價格很高。

青花古便盆

隨著明治24年（1891）濃尾大地震的屋舍重建，在高級日式餐廳及富人圈之間瀨戶製作的青花便盆相當盛行。

撮影：梶原敏英

小便盆

向高
留有以前上小號的提桶形狀。

牽牛花形
特色是開口向前如牽牛花般的形狀。

方形
留下木製便盆昔日的形狀。

or

橢圓形
隨著瓷器便盆的出現，用石膏模做出的形狀。

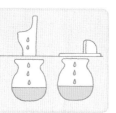

大便盆

舊式廁所的結構

在便盆底下埋放瓶子，收集大小便做肥料。在常滑製作這種名為下瓶的瓶子。

廁所木屐
為了不弄髒地板而顯示站立位置的物件。

現代馬桶

AQUA CERAMIC

2016年，不僅防刮還保有抗菌功能，可以避免穢物或水垢附著於表面上，保持乾淨，100年來不斷開發投入新技術的最新馬桶！

業界首見配置3個出水口，能強力洗淨馬桶內部。

因為陶器表面的特殊構造，水垢不會附著於表面上。

燕子的廁所

設置在位於INAX Live Museum屋簷下的燕子巢下方。有了這個就能知道鳥巢的位置，不但可以讓遊客躲過燕子糞便的突擊，也方便打掃！

燕子的白色糞便像是隆存富十山的積雪。

Data

INAX Live Museum（PART OF LIXIL）

☎0569-34-8282　**地址**：常滑市奧栄町1-130　**交通**：從名鐵常滑線常滑站轉知多公車前往知多半田站車程約6分鐘，在INAX Live Museum前下車，徒步2分鐘　**費用**：通行票600日圓　**開放時間**：10點～17點　**公休日**：第三週的週三（若遇假日順延至隔天）

MEMO 殿下的木製便盆、戶外小廁所、青花古便盆展示於「窯廠廣場・資料館」。保存大正時代的窯廠、建築物與煙囪的建築被指定為國家登錄有形文化遺產。附設兩面焚倒焰式角窯。

63

在日本中央代代傳承至今的職人技術

愛知工藝品MAP

以超過百年的傳統自居，現在仍用傳統技法製作的「愛知傳統工藝品」。是讓人想留到後代的逸品。

瀨戶燒 **P.66**

有松絞染 **P.72**

常滑燒 **P.70**

1 豐橋筆

在豐橋市近郊生產的高級毛筆。起源自江戶後期吉田藩藩主攬入京都職人，推行製筆。以水筆的製法製作，不但含墨性佳而且墨流緩慢書寫流暢。由1位職人完成共36道的製筆工序。

2 知多棉布

在江戶初期開始成為知多婦女的副業。江戶中期用來做手絹或絞染的「知多漂白布」名聲響亮，被譽為『日本第一的江戶上貢品』。目前也以知多市為中心生產手工棉布製品。

3 鳳來寺石硯

自鳳來寺山開山當時，約1300年前起就開始製作的硯台。用鑿子手工雕刻在鳳來寺山周邊開採到的石頭，以漆質塗料呈現出光澤。特色是漆黑的美麗光輝，目前有2家職人承襲這項技術。

6 小原和紙

抄紙製作在江戶中期已經成為豐田市小原地區各家庭在農閒時期的副業，貼在油紙傘或拉門上。目前，用染色的楮代替顏料做成鏤空模樣的美術工藝和紙則是備受重視。

4 尾張七寶燒

天保年間（1830～1844），尾張國的梶常吉著手研究外國的七寶器皿製法。在金屬坯胎的表面塗上玻璃質釉藥形成圖案，在用銀線描繪圖案的輪廓，此為尾張七寶燒的代表性技法。

7 三河棉布‧三河條紋布

江戶時代在三河地方盛行棉花栽種與棉織品，做成「三白棉布」送到江戶。在明治時代引進西洋技術，用濃淡有致的藍色做出具美麗格紋的三河棉布。發展為全國性品牌。

5 岡崎石工藝品

起源於為了建造岡崎城招攬河內‧和泉的石工。在岡崎周邊取得的優質花崗岩，還有能把石燈籠運至江戶或大阪的碼頭等，受惠於這些良好條件而繁榮起來。尤其是燈籠雕刻最有名。

8 名古屋友禪

在尾張藩主‧德川宗春時代，經由京都或江戶的友禪師傳來的技法。宗春下台後，尾張也養成質素簡約的風氣，風鳥花月等古典圖案，雅致的濃淡單色成為名古屋友禪的特徵。

9 名古屋黑紋付染

起源可回溯至江戶初期，在天保年間（1830～1844）孕育出傳承至今的紋形紙板緊壓技法。染色方法有充分染黑的「浸染」和突顯出黑色艷麗色澤的「糊引染」。

生活中的日本陶瓷器文化起源！

瀨戶燒

代表日本的陶瓷器，瀨戶燒。起源可回溯至平安時代，在室町·戰國時代逐漸發展成日本最大的窯業生產地。生產日本六古窯中唯一的施釉陶器，超過1000年以上，至今仍利用各種釉藥繼續製作陶瓷器。在江戶時代，陶瓷器開始從貴族普及到一般民眾的生活中，利用連房式登窯進行大量生產，並且在江戶後期正式生產瓷器，也就是所謂的瀨戶染付燒。戰後生產海外出口用的瀨戶擺設品等，「瀨戶物」便成為陶瓷器的代名詞，帶領著日本窯業走出寬廣的領域。

在瀨戶原來的陶器稱做「本業燒」、瓷器則是「新製燒」，這裡只集中介紹瀨戶燒的基礎「本業燒」。

連房式登窯的構造

燒製本業燒的登窯種類之一。在利用坡度讓相連的燒製室變大的窯內，上爐可以直接利用下爐的餘熱以提高效率。瀨戶本業窯在昭和24年（1949）興建，還保留著使用到昭和54年（1979）的4連房登窯「洞本業窯」。被指定為市內的有形民俗文化遺產。

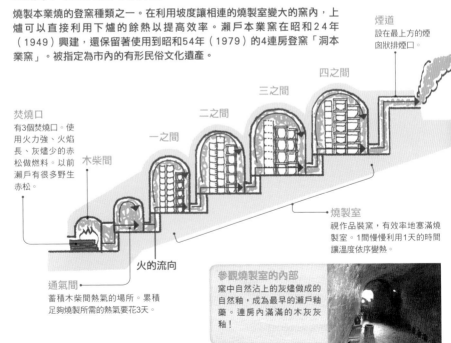

煙道
設在最上方的煙囪狀排煙口。

四之間

三之間

二之間

一之間

焚燒口
有3個焚燒口。使用火力強、火焰長、灰燼少的赤松做燃料。以前瀨戶有很多野生赤松。

木柴間

火的流向

通氣間
蓄積木柴間熱氣的場所。累積足夠燒製所需的熱氣要花3天。

燒製室
視作品裝窯，有效率地塞滿燒製室。1間慢慢利用1天的時間讓溫度依序變熱。

參觀燒製室的內部
窯中自然沾上的灰燼做成的自然釉，成為最早的瀨戶釉藥。連房內滿滿的木灰灰釉！

瀨戶自古以來的陶器，本業燒

明治初期有50洞地區以上的本業窯，現在只剩下瀨戶本業窯和分家的一里塚本業窯2間。本業燒的特色是堅固、經得起日常使用，及耐看的美麗配色與設計。自古以來，遵守分工制技法的同時，持續製造符合時代的生活產品。

Data

瀨戶本業窯
☎0561-84-7123
地址：瀨戶市東町
1-6 交通：從名鐵瀨
戶線尾張瀨戶站徒
步15分鐘 費用：免
費參觀 開放時間：10
點～17點 公休日：
週一

本業燒每個時期的熱門商品

古瀨戶（黃瀨戶）

在鐮倉・室町時代整體上釉的陶瓷器稱做「古瀨戶」，代表性製品為黃瀨戶。因為瀨戶的黏土十分潔白美麗，孕育出各種釉藥，在素坯上相當顯色。

畫盤

白色素坯和釉藥創造出的圖畫與花樣也是其魅力之一。在日常器皿本業燒上多以身旁的自然或風景為主題，右邊兩種是最為人所知的圖樣。

Check!
也有本業燒的陶藝體驗

在瀨戶本業窯，目前還有職人工作的工房中，可以用本業土、自然釉藥體驗本業燒陶藝。講師是瀨戶本業窯的第8代傳人。只在週六、日進行，1天體驗2項作品收費5000日圓（需預約）。

麥稈紋

特色是名為「赤樂」的特殊黏土形成的溫潤色澤，和麥穗狀的條紋。

馬眼盤

其由來眾說紛紜，因為向來都是吉祥物的古典花樣漩渦紋看起來就像馬眼，便以此命名。

本業磁磚

原本是江戶時代在瀨戶製作的泡茶道具，敷瓦（譯註：墊在茶爐下的陶板）。因明治維新傳入西洋文化，受到進口磁磚的影響開始用銅模轉印製造陶製磁磚。

銅模轉印的方法

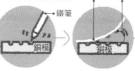

❶ 在銅模上用鐵筆畫出圖樣，雕刻成銅模印刷用的銅模。

❷ 把陶瓷器專用的顏料塗在銅模上，用紙貼上作畫。

❸ 把畫了圖樣的紙貼在素燒好的素坯上印上圖案。

堆積窯廠工具的窯垣小徑

窯垣是利用窯廠工具堆積蓋成的土牆或石牆等的稱呼，全日本只有在瀨戶才看得到這般景色。在瀨戶窯業的中心區洞町，有一條像這樣全長400m的窯垣，名為「窯垣小徑」。在昔日運送陶瓷器的推車或挑著扁擔的挑夫行走的小路上，可以發現各式各樣的窯廠工具。

窯廠工具

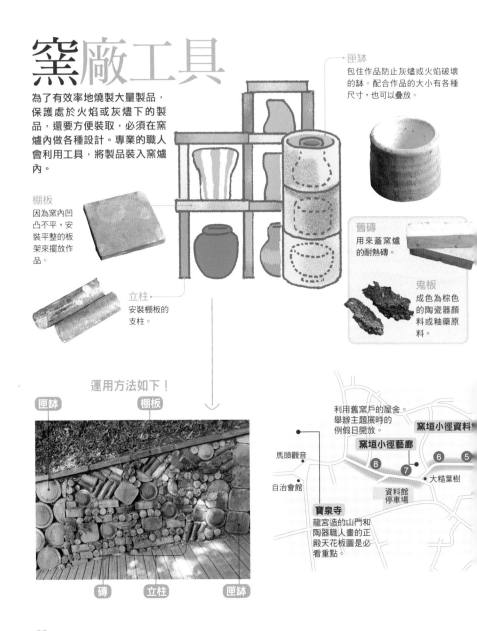

為了有效率地燒製大量製品，保護處於火焰或灰燼下的製品，還要方便裝取，必須在窯爐內做各種設計。專業的職人會利用工具，將製品裝入窯爐內。

棚板
因為窯內凹凸不平，安裝平整的板架來擺放作品。

立柱
安裝棚板的支柱。

匣缽
包住作品防止灰燼或火焰破壞的缽。配合作品的大小有各種尺寸，也可以疊放。

舊磚
用來蓋窯爐的耐熱磚。

鬼板
成色為棕色的陶瓷器顏料或釉藥原料。

運用方法如下！

匣缽　棚板

磚　立柱　匣缽

利用舊窯戶的屋舍。舉辦主題展時的例假日開放。

窯垣小徑資料

窯垣小徑藝廊

馬頭觀音

8　7　6　5

自治會館

大糙葉樹

資料館停車場

寶泉寺
龍宮造的山門和陶器職人畫的正殿天花板圖是必看重點。

❶ 棚板和堆放在下面的匣缽。匣缽底部刻有窯戶商號。

❷ 以直立擺放的匣缽做重點裝飾。也可以看到棚板、舊磚和鬼板。

❸ 在匣缽底部開孔後逐一疊放起，讓水能流過其間據推測當成陶管使用。

❹ 用棚板和立柱做出幾何學圖樣的美麗窯垣。是代表這條小徑的窯垣。紀念照的重點拍照處。

❺ 位於資料館後方的小徑上，最大片的窯垣。階梯連綿不斷就像梯田。

❻ 像磚瓦般用棚板整齊堆起的門。因為沒有立柱呈現出獨特的氣氛。

❼ 每種窯廠道具方向一致地擺放整齊，像是窯廠道具展覽場般的平整窯垣。就位在資料館停車場上方。

❽ 用鬼板堆起來的地基相當搶眼。上面的建築物是用原有的倉庫改造而成。

窯址樹林
為文化遺產，保留高價值登窯遺跡的後山公園。

❶ 🏠白龍

瀨戶本業窯 → P.67

0　　　　　50m

窯 垣 的 小 徑 資 料 館

用明治時代興建的窯戶屋舍翻修而成。用被譽為日本近代磁磚的起源，本業磁磚裝飾的浴室和廁所是必看景點，附設休息區。10～15點，週三公休（若遇假日順延至隔天）。

在地板和半腰牆貼上本業磁磚的浴室（左），與有青花便盆和本業磁磚的廁所（右）。

探訪用『朱泥急須』泡出好茶的原因

常滑燒

在 平安時代後期蓋了3000座穴窯，是日本六大古窯中最大的陶瓷器產地，常滑。在中世生產大型的壺或瓶、自江戶末期起是陶管和朱泥急須壺、明治以後則是磚瓦磁磚和衛生陶器，支撐日本的近代化，一路發展了1000多年。在這些多樣化的常滑燒當中，急須壺目前仍存在日本人的生活周遭。尤其是常滑燒的朱泥急須壺被譽為「終極版的急須壺」。到底，其終極的原因是什麼呢？

常滑燒的另一種象徵性製品，陶管

因被明治政府用在鐵路整修上而出名，常滑陶管的生產量到昭和40年代為止號稱日本第一。在街上到處都可以看到陶管的景緻。

用朱土是好喝的原因

任何人都看過紅棕色的朱泥急須壺。以一燒製就會變成紅棕色的黏土為原料土，不上釉的急須壺，在岡山的依部、新瀉的佐渡等，日本各地都有生產，但據說常滑的壺特別出色。搭上江戶末期以後的煎茶風潮，需求量增加，從常滑港拓展至日本全國。

常滑朱泥急須壺使用的原料土特色

特色① 顆粒非常細緻

顆粒細就能形成無數個凹凸面，會增加接觸到茶湯的表面積，吸住單寧呈現出醇厚風味。

特色② 保溫性高

倒入熱水溫度也不容易下降，能長久保持萃取美味成分的時間。讓特色①的效果加倍。

能取得優質土的理由是⋯，因為在遠古之前，就是湖底！？

約650萬～250萬年前，據說常滑位於名為東海湖的巨大湖泊底部。黏土從河川流入東海湖，黏土成分溶入水中堆積，在湖底形成細緻的黏土層。在這常滑層當中含有含鐵質的優質黏土。

急須壺的形狀泡出美味的原因

不僅是原料土品質優異，追求沖泡出美味茶湯的功能和外型完成度也很高。處處可見職人們的堅持。

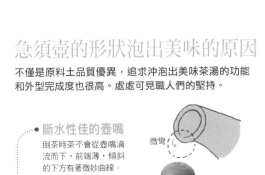

獨一無二的打磨

燒製後，為了讓每一個有些微差異的壺身和壺蓋緊密結合，在壺身和壺蓋間撒上拋光粉後打磨。因為密閉性提升，茶葉可以在熱水中充分翻轉，溫度也不會下降。

磨光滑

斷水性佳的壺嘴

倒茶時茶不會從壺嘴滴流而下，前端薄，傾斜的下方有著微妙曲線。

微彎

平衡感良好的把手

用大拇指壓住壺蓋倒茶的橫手型為主流商品。不僅外型漂亮，好拿好用也是優質急須壺的條件。

陶製濾茶器

為了提升味道、茶葉及出水狀態，濾茶器也和本體使用同樣的素材來做。用手把打好洞的半圓形濾茶器嵌入壺身的鏤空處。

因為常滑朱泥的土質顆粒非常細小，細微處的精細加工也是特色之一。

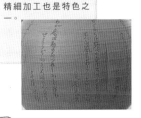

取得良好的平衡性，也可以用把手立起急須壺。

在內側

這裡！

Data

陶瓷器會館

☎0659-35-2033　地址：常滑市栄町3-8　交通：從名鐵常滑線常滑站徒步10分鐘　費用：免費參觀　開放時間：9點～17點　公休日：全年無休

以400年歷史孕育出獨一無二的技術與文化

有松絞染

分工完成的有松絞染工序

生產特色是細分作業流程，需要好幾位師傅共同加入完成一項成品。

❶ 決定圖樣

和知道顧客需求及流行趨勢的絞染批發商、對技法知之甚詳的師傅交談以設計圖樣。規劃組合數十種樣本，由專門的畫師描繪圖稿。

❷ 製模、刷圖

決定好圖案後，用小刀或打洞器裁剪圖樣打洞，製作紙型。把紙型放在布上，用刷子刷上藍色，標上「絎紮」加工的記號。

❸ 絎紮

沿著圖稿上做的記號抓出皺褶，一個個用線細心地纏繞起來。手法或工具因技法而異，職人原則上是一人一技法。通常會有4～5個人輪流加工。

多達 100 種 的 絞 染 技 法

有松絞染的最大特色在於繽紛多樣的技法。在以前就有100種左右，但現在只傳承下來約50種，看了全世界的絞染擁有這麼多數量的唯有有松！柔軟的立體感也是特色之一。

纏繞絞

平縫、拉緊、纏繞等，費時費工且需要技巧。能表現出豐富繽紛的圖樣。

折縫絞

沿線折出山折，稍微抓住山折線，將下方折疊的兩塊布縫起，是結實的絞染技法。

雪花絞

用板子夾住捆紮的技法。因白布會呈現花朵般的圖案，是很受歡迎的浴衣花樣。

家康剛掌控幕府政權的江戶時代初期，竹田庄九郎等人將前來參觀名古屋城建城的九州大名們穿的絞染和服技術應用到三河棉布上，成為有松絞染的起源。村人們為了填飽肚子學習絞染技術，承認其價值的尾張藩，將有松絞染當成藩地特產般保護。有松染的手巾或浴衣成為大名們前往參勤交代時東海道第一的特產。鼎盛時期，在36間絞染批發商中有160位以上的職人，共同生產日本國內大部分的絞染製品。但是戰後物資不足與和服沒落等，產量漸漸減少。為了將被指定為日本傳統工藝品的有松絞染留給下一代，必須再次學習其價值。

❹ 染色

由專業的染坊來染色。一般採用浸染，有時也會用特殊染法。染色後，水洗定色，輕輕脫水晾乾。

❺ 拆線

絞染是用線綁住布使染料無法滲入，因此線結都打得很緊。要留意不要破壞布迅速拆線。依綁法有不同的拆線方式，1反（譯註：布的長度單位，約11m）或複雜的花樣約需3～4天。

❻ 加工

在拆完線回縮的狀態下無法加工，因此要在布料上噴蒸氣，用手一邊調整一邊整理布寬，進行最後的工程（熨燙）。做定色、上漿、乾燥處理。

蜘蛛柳絞

用駒針勾起布料在各處施以蜘蛛絞，再抓起直線繞緊。

唐松縫絞

縫捆絞染的技法之一，是有松的傳統圖樣。除了圓形外，也能做成方形或菱形。

捲縫絞

沿著折痕一邊繞線一邊捲起山折處縫緊。

Data

有松・鳴海絞染會館

☎052-621-0111　**地址**：名古屋市緑区有松3008　**交通**：從名鐵本線有松站徒步5分鐘　**費用**：入館費300日圓　**開放時間**：9點30分～17點（現場表演～16點30分）　**公休日**：全年無休（12～3月每週三公休）※絞染祭前後休館

參觀絞染批發商的傳統建築

慶長13年（1608）在尾張藩的
獎勵下興建有松。
在天明4年（1784）的大火中焚毀大半，
之後重建塗上防火灰泥（塗籠式建築），
屋頂鋪瓦片的雄偉商家街道。
目前在東西長800m的街上還保有
當時的風貌，被制定為市街保存地區第1號。

有松宿街道的特色

江戶時代的商人是依屋舍正面寬度來決定稅
金，因此「鰻魚寢床」（譯註：屋內空間彷
彿鰻魚般又長又窄）成為商家主流。但是，
有松因為有稅制優惠，每間商家的正面都很
寬。絞染批發商沿著街道比鄰而立，不喜歡
商品曝曬到太陽，便自南側起形成街區。

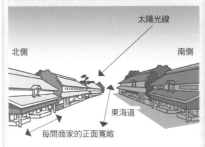

中濱家住宅

以主屋為中心，西邊有
倉庫、東邊有圍牆和庫
房，是有松規模大的絞
染批發商中典型的屋舍
結構。建於明治中期左
右，為國家登錄有形文
化遺產。

祇園寺

有光明皇后的和
歌碑、仿奈良藥
師寺的佛足石。

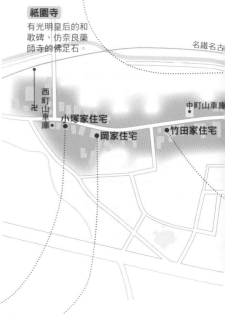

小塚家住宅

寬文年間（1661～1673）移居至有松的小塚家，以山形屋
的商號經營有松絞染批發店直到明治期間。文久2年
（1862）左右的建築物是名古屋市指定有形文化遺產。

在牆上貼平瓦，用灰泥堆滿防
火牆的接縫處，名為海鼠壁。
雖然斜格式是主流，但小塚家
是少見的呂字牆。

岡家住宅

江戶末期建造，是有松規模最大的獨棟建築。2樓房簷下
的塗籠建築呈波浪狀，這和名古屋城上看到的設計相同。
是名古屋市指定有形文化遺產。

隱含避火寓意，屋頂上裝飾著
和水有關的魚形懸魚。是有松
房屋常見的裝飾。

方便進門挑選絞染，門口設有繫馬的「馬繫環」。

福部豐家住宅

商號是井桁屋。至今仍留有當時的消防結構海鼠壁、蟲籠窗、塗籠建築及宇立（梁上短柱）。建於文久元年（1861），是愛知縣指定有形文化遺產。

屋頂兩側豎起防火牆的宇立。在有松只剩福部豐家和小塚家有保留。

有松車站

住宅

福部豐家住宅

福部良野家住宅‧倉庫

住宅

有松‧鳴海絞染館 → P.73

0 ——— 100m

福部良也家住宅‧倉庫

主屋是明治28年（1895）、倉庫是江戶末期的建築，為愛知縣指定重要文化遺產。石板地基上漆上白灰泥的塗籠建築，鼠壁倉庫在景觀上也很重要。

消災除魔的獸頭瓦。加入鬼怪一族，做成其樣貌以驅災。

被獸頭瓦驅逐的災禍跳回對面住家

有松山車會館

每年輪流展示有松祭中3輛山車的其中一輛。週末、假日開放。

除魔的神明，鐘旭。位於屋頂或圍牆，在街上隨處可見。

竹田家住宅

由祖師爺‧竹田庄九郎的後代傳承300年以上，是有松的代表性家族。房屋以會客為主，訴說全盛時期的有松故事。主屋是江戶時期建築，為名古屋市指定有形文化遺產。

家人或業者等進出的主屋旁「長屋門」。門和門之間是大店舖。

右側玄關「腕木門」是客人專用。此處有茶室和26疊大的書院造客廳。

棚橋家住宅

前身是絞染批發商，福部家住宅的遺址，昭和時期由鵬橋龍三氏購入開設醫院並保留至今。建於明治8年（1875），是國家登錄有形文化遺產。

📄 MEMO　若預約有松觀光中心的志工導覽，就能更加瞭解有松的街道。導覽費免費（每位導覽員1000日圓的交通費另計），採2週前申請的預約制。申請請洽有松‧鳴海絞染會館（參考P.73）。

75

名古屋人的食品櫃

總是被說「特殊」的名古屋飲食文化。味噌湯、烏龍麵、炸豬排、豆腐…，每一種一定要加紅味噌。曾為城下町的名古屋也很盛行茶道，所以也相當喜歡紅豆。常被人說愛好故鄉的名古屋人也相當熱愛當地廠家。像這樣的名古屋家庭餐桌上的必備品是…。

① KOMI濃口醬

位於名古屋市東區的KOMI商品。是配合喜愛重口味的名古屋人味覺調和出的伍斯特醬。可果美也有出濃口醬。

② 可果美番茄醬

在東海市經營農業的創辦人番茄栽種得有聲有色，成為可果美的開端。對名古屋人而言，一說到番茄醬&番茄汁，就是可果美！

③ 萬能味噌

只要淋上就能做出名古屋飯菜的萬能味噌，是家家必備的食品。當中NAKAMO的「可沾可淋味噌」，是經典中的經典。

④ 紅豆罐頭

名古屋人超愛紅豆。吐司塗上奶油或乳瑪琳後再放上紅豆是固定吃法。當中還有連喝咖啡都要加紅豆的狂熱分子。

⑤ 溜醬油

利用製造紅味噌過程中產生的上層清澈醬汁做成的醬油。擁有強烈的美味成分，最適合搭配生魚片或壽司。用在燉煮方面也有香濃滋味。

⑥ 紅味噌

說到味噌湯，家庭、餐館無處不用紅味噌！順帶一提，某廠牌沖泡式味噌湯中的「Hiruge紅味噌」就是以東海地方為主要販售區。

第 3 章

從樸實到豪華、從高到低、從大到小，「什麼都好」的名古屋人。
這樣的性格在建築物、道路、展示品…等各處都看得到。

名古屋

之最

近看至今仍在發展的玄關口

名古屋車站

昭和30年代

名鐵百貨公司
昭和29年（1954）開業，是地上3層、地下1層的建築物。在昭和32年（1957）全館落成。

名古屋車站
車站大廳直到JR中央大廈完成前都是名古屋的玄關口。

市營電車
在地下鐵開始修建之時，路面電車還在行駛。車站前有名古屋站前停靠站。

大名古屋大廈
興建中的站前指標第一代大名古屋大廈。於昭和40年（1965）竣工。

大噴水池
目前是圓錐狀的雕塑品·飛翔，但昔日是位於中央圓環的壯麗噴水池。

櫻通
昭和12年（1937）隨著名古屋車站的搬遷進行擴建。當時已經蓋成寬50m的道路。

因連結東西幹線鐵路的修建，第一代名古屋車站在明治19年（1886）開通。地點約在距現今車站以南200m處的笹島交叉路口附近。位於現址的車站於昭和12年（1937）完工，因運輸量增加，必須將貨物站和旅客站分開，所以竣工時也被稱作「東洋第一的名古屋車站」。之後，逃過戰火的名古屋車站，藉著地下鐵和東海道新幹線的開通完成發展。然後，1999年JR中央大廈開幕。以此為契機，在短短的十幾年間，區域內的高樓大廈突飛猛進地興建落成。

照片中的名古屋車站今昔對比

中部地方廣場

JR中央雙塔大樓

JR Gate Tower

Mode學園螺旋塔

規模變大！

JP Tower名古屋

Symphony豐田大樓
2016年7月竣工，高115m的摩天樓。有電影院、飯店、餐飲業進駐。

大名古屋大廈

Unimall
地下鐵櫻通線
昭和45年（1970）地下街Unimall開幕。地下鐵櫻通線則在1989年開通。

名古屋
高速都心環狀線
繞都心一圈的環狀線，是順時針方向的單行道。環狀線在1995年全線開通。

國際中心車站

如雨後春筍般冒出的名古屋車站摩天樓，高矮比一比

自JR中央雙塔大樓開業以來，名古屋車站附近的高樓化就不曾停過。
站在車站前抬頭一望，盡是大樓大樓大樓！
以一目了然的方式來比較前7棟摩天樓的高度。

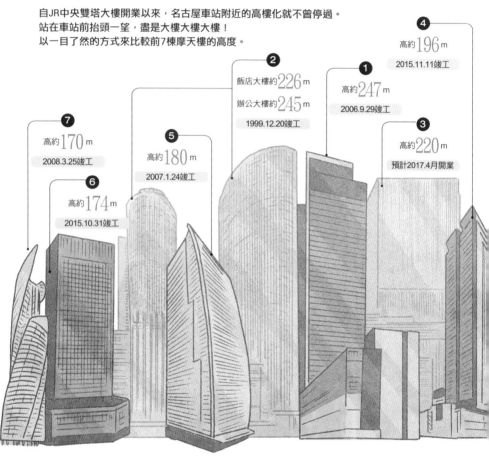

⑦
高約170m
2008.3.25竣工

⑥
高約174m
2015.10.31竣工

⑤
高約180m
2007.1.24竣工

②
飯店大樓約226m
辦公大樓約245m
1999.12.20竣工

①
高約247m
2006.9.29竣工

④
高約196m
2015.11.11竣工

③
高約220m
預計2017.4月開業

❶ 中部地方廣場
由商業大樓和辦公大樓組成，匯集了國內外精品店、服飾店及餐廳。在高220m處也設有觀景台。

❷ JR中央雙塔大樓飯店塔
名古屋Marriott Associa Hotel。在地上52層樓的建築物中，客房位於第20樓～49樓。並附設餐廳及酒吧。

　JR中央雙塔大樓辦公塔
辦公塔的頂樓是JR名古屋高島屋的觀景美髮沙龍。低樓層則有百貨公司和美食街。

❸ JR Gate Tower
連接中央大樓，立於北側的複合式摩天樓。設有辦公室、飯店、商業設施及公車轉運站等。

❹ JP Tower名古屋
由日本郵局和名工建設組成的摩天樓。1樓有郵局和郵貯銀行。飲食店等進駐的「KITTE名古屋」蔚為話題。

❺ 名古屋 Lucent Tower
東面呈曲線狀的不對稱設計大樓。除了辦公室外還有餐廳及咖啡館進駐。頂樓是視野良好的酒吧。

❻ 大名古屋大廈
名稱不變，變身為摩天樓的第2代建築。地下1樓～地上5樓匯集了流行敏銳度高的服飾店&餐廳。

❼ Mode學園螺旋塔
1～36樓是名古屋Mode學園、HAL名古屋及名古屋醫專的綜合校舍。地下1、2樓有餐飲店。

支撐高度No.1的最先端技術

高度No.1的中部地方廣場，
集結了最先端技術建築而成。
受到關注的是支撐摩天樓基礎的建築性
能和世界最先的高速電梯。

中部地方廣場的
結構和制震系統是？

除了不會對大樓主要結構造成
損傷的耐震性能外，也具備控
制建築物本身搖晃的高制震性
能。透過各種結構和系統的組
合來提升信賴感。

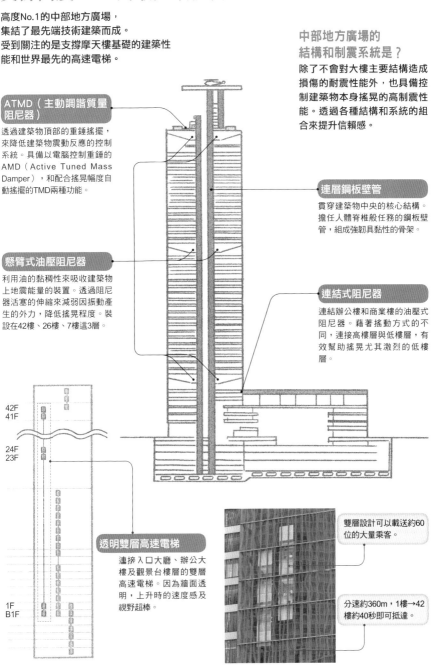

ATMD（主動調諧質量阻尼器）

透過建築物頂部的重錘搖擺，
來降低建築物震動反應的控制
系統。具備以電腦控制重錘的
AMD（Active Tuned Mass
Damper），和配合搖晃幅度自
動搖擺的TMD兩種功能。

連層鋼板壁管

貫穿建築物中央的核心結構。
擔任人體脊椎般任務的鋼板壁
管，組成強韌具黏性的骨架。

懸臂式油壓阻尼器

利用油的黏稠性來吸收建築物
上地震能量的裝置。透過阻尼
器活塞的伸縮來減弱因振動產
生的外力，降低搖晃程度。裝
設在42樓、26樓、7樓這3層。

連結式阻尼器

連結辦公樓和商業樓的油壓式
阻尼器。藉著搖動方式的不
同，連接高樓層與低樓層，有
效幫助搖晃尤其激烈的低樓
層。

42F
41F

24F
23F

1F
B1F

透明雙層高速電梯

連接入口大廳、辦公大
樓及觀景台樓層的雙層
高速電梯。因為牆面透
明，上升時的速度感及
視野超棒。

雙層設計可以載送約60
位的大量乘客。

分速約360m，1樓→42
樓約40秒即可抵達。

81

連接主要大樓的地下網絡發展史

地下街

名古屋最早完成地下街是在昭和32年（1957）3月18號。就是率先在地下鐵東西線開通時開幕的「Sun Road」。開幕時名為「名古屋地下街」，由61間店鋪組成。之後，隨著因私家車普及興建地下停車場，進而擴展出新的地下街。現今，透過和摩天樓間的連結設計，變得更複雜，同時繼續擴張名古屋的地下版圖。

無限縱橫拓展的名古屋車站地下網

主要是名古屋車站和榮地區的廣大地下街。當中，名古屋車站錯綜複雜地連結了好幾個地下街。首先，掌握住名古屋車站地下街的整體圖吧！

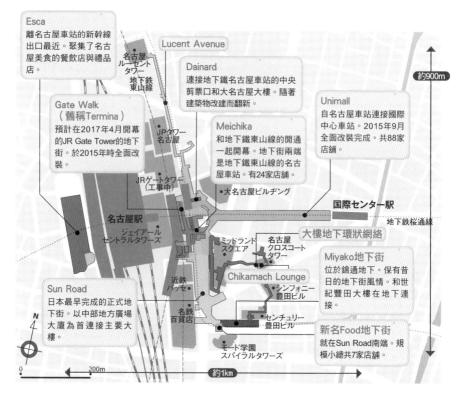

Esca
離名古屋車站的新幹線出口最近。聚集了名古屋美食的餐飲店與禮品店。

Dainard
連接地下鐵名古屋站的中央剪票口和大名古屋大樓。隨著建築物改建而翻新。

Gate Walk（舊稱Termina）
預計在2017年4月開幕的JR Gate Tower的地下街。於2015時全面改裝。

Meichika
和地下鐵東山線的開通一起開幕。地下街兩端是地下鐵東山線的名古屋車站。有24家店舖。

Unimall
自名古屋車站連接國際中心車站。2015年9月全面改裝完成。共88家店舖。

Sun Road
日本最早完成的正式地下街。以中部地方廣場大廈為首連接主要大樓。

大樓地下環狀網絡

Miyako地下街
位於錦通地下。保有昔日的地下街風情。和世紀豐田大樓在地下連接。

新名Food地下街
就在Sun Road南端。規模小總共7家店舖。

名古屋ルーセントタワー
地下鉄東山線
Lucent Avenue
JPタワー名古屋
JRゲートタワー（工事中）
・大名古屋ビルヂング
国際センター駅
地下鉄桜通線
名古屋駅
ジェイアールセントラルタワーズ
ミッドランドスクエア
名古屋クロスコートタワー
Chikamach Lounge
・シンフォニー豊田ビル
近鉄パッセ
名鉄百貨店
・センチュリー豊田ビル
モード学園スパイラルタワーズ

約900m
約1km
0　200m
N

名古屋車站地下街的進展

自昭和32年開啟的地下街歷史。
地下街是怎麼擴展的？
以現代名古屋車站的地下街地圖為基礎，
來了解開業順序與擴展過程吧。

地下街的誕生時期
（昭和30年代）

名古屋的戰後復興期。配合地下鐵建設，做地下街的整體施工。以最早的地下街Sun Road（名古屋地下街）為先鋒，沿著地下鐵東山線的路線開設地下街。

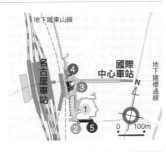

地下街的發展時期
（昭和40年代）

隨著汽車普及化的快速進展，市中心停車場明顯不足的時期。Unimall及Esca與地下停車場一起開幕。這個停車場直到現在仍有很多人使用。

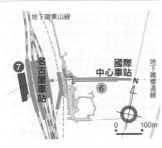

地下街的抑制時期
（昭和50年代）

因昭和47年（1972）的大阪千日大樓火災，地下街的防災問題浮上檯面。之後，國家政策方面開始抑制地下街的新增設案。因為Termina是在問題發生前的計畫，所以可以興建。

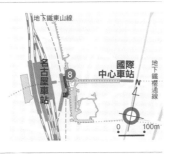

與周邊大樓的連接時期
（平成以後）

雖然地下街被嚴格規範，但之後國家廢止這項方針。在市政府認為具公共性，充分確保安全性的情況下，核可地下街和建築物間的連結。依此進行高樓和地下街間的銜接。

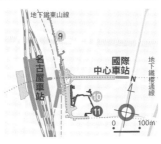

地下街的歷史

昭和32年（1957）年3月
Sun Road開業…❶
〔總面積：1萬1347m²〕

昭和32年7月
新名Food地下街開業…❷
〔總面積：708m²〕

昭和32年11月
Meichika開業…❸
〔總面積：2944m²〕

昭和38年（1963）3月
Dainard開業…❹
〔總面積：933m²〕

昭和38年9月
Miyako地下街開業…❺
〔總面積：3608m²〕

昭和45年（1970）11月
Unimall開業…❻
〔總面積：2萬7364m²〕

昭和46年（1971）12月
Esca開業…❼
〔總面積：2萬9180m²〕

昭和51年（1976）11月
Termina(現在的Gate Walk)開業…❽
〔總面積：7228m²〕

2007年1月
Lucent Avenue開業…❾
自地下鐵東山線的北剪票口連接名古屋Rucent Tower的地下通道。通道的牆壁及天花板上，是作家描繪的奇異空間。

2012年7月
Chikamach Lounge開業…❿
興建於名古屋Crosscourt Tower底下的美食街。也在地下街接中部地方廣場及Symphony豐田大樓。

2016年9月
大樓地下環狀網絡完成…⓫
透過新竣工的Symphony豐田大樓地下層和其他大樓銜接，完成聯絡主要大樓群和地下街的地下環狀通路。

※各地下街的總面積是2016年9月的情況。

巨大流行模特兒的秘密♥

娜娜醬人偶

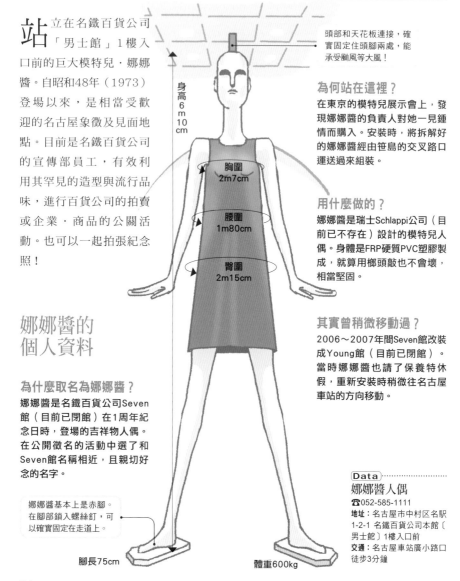

站立在名鐵百貨公司「男士館」1樓入口前的巨大模特兒·娜娜醬。自昭和48年（1973）登場以來，是相當受歡迎的名古屋象徵及見面地點。目前是名鐵百貨公司的宣傳部員工，有效利用其罕見的造型與流行品味，進行百貨公司的拍賣或企業·商品的公關活動。也可以一起拍張紀念照！

頭部和天花板連接，確實固定住頭腳兩處，能承受颱風等大風！

身高6m10cm

胸圍2m7cm

腰圍1m80cm

臀圍2m15cm

為何站在這裡？
在東京的模特兒展示會上，發現娜娜醬的負責人對她一見鍾情而購入。安裝時，將拆解好的娜娜醬經由笹島的交叉路口運送過來組裝。

用什麼做的？
娜娜醬是瑞士Schlappi公司（目前已不存在）設計的模特兒人偶。身體是FRP硬質PVC塑膠製成，就算用榔頭敲也不會壞，相當堅固。

娜娜醬的個人資料

為什麼取名為娜娜醬？
娜娜醬是名鐵百貨公司Seven館（目前已閉館）在1周年紀念日時，登場的吉祥物人偶。在公開徵名的活動中選了和Seven館名稱相近，且親切好念的名字。

其實曾稍微移動過？
2006～2007年間Seven館改裝成Young館（目前已閉館）。當時娜娜醬也請了保養特休假，重新安裝時稍微往名古屋車站的方向移動。

娜娜醬基本上是赤腳。在腳部鎖入螺絲釘，可以確實固定在走道上。

腳長75cm

體重600kg

Data
娜娜醬人偶
☎052-585-1111
地址：名古屋市中村区名駅1-2-1 名鐵百貨公司本館〔男士館〕1樓入口前
交通：名古屋車站廣小路口徒步3分鐘

娜娜醬的常規服裝秀

對流行敏銳度高的娜娜醬，每年約換裝30次。造型時而時髦可愛，時而新穎得讓人震撼，是名古屋當下的時令象徵。以下就7種講究造型中的一部分做介紹。

泳裝娜娜醬
夏季來臨時的泳裝造型。當然，會穿著當季流行的泳衣。

聖誕娜娜醬
配合冬季聖誕宣傳活動時的服裝。不要錯過腳上的紅色馬靴！

Check!
越來越進步的
娜娜醬玄機！

新春首賣時的娜娜醬
通知自新春首賣起展開的冬季大拍賣。2016年穿著繫上金色腰帶的和服樣貌。

清倉大拍賣！超驚訝的娜娜醬
最近不僅是服裝，還有臉部變化的造型。照片中下巴都震驚到掉下來了！

大拍賣！超興奮的娜娜醬
2016年的夏季大拍賣，主題是便宜到令人超興奮。以每10分鐘1次的頻率，從鼻子猛烈噴氣。

娜 娜 醬 的 服 裝 怎 麼 做 、 要 如 何 換 裝 ？

娜娜醬的服裝大部分是2位女性一組來製作。娜娜醬的尺碼是普通女性的4倍。因此布料也是高度4倍×寬度4倍，需要16倍。再加上是從頭部套下來而不是用穿的，所以縫製位置等也有特殊要求。換裝時需要組裝踏板，利用升降梯由專業人員來進行。

約在17～20點時換裝。依服裝有時候費時較久。

貼近科學的巨大裝置機構

名古屋市科學館

世界最大的星象儀「Brother Earth」

設於科學館巨大球體中的星象儀，球體內徑35m，可以播放出世界最大的影像品質。來探索以驚人尺寸描繪星空的星象儀秘密。

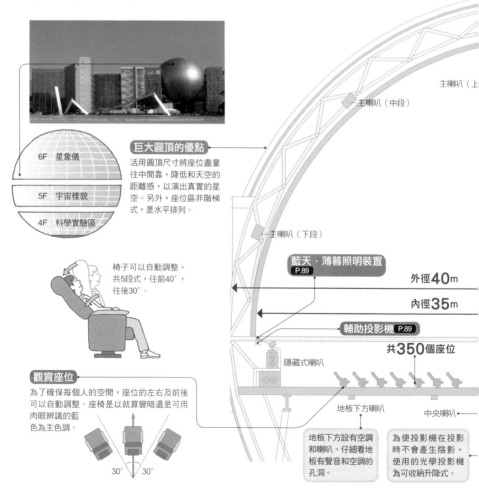

6F 星象儀

5F 宇宙樣貌

4F 科學實驗區

巨大圓頂的優點
活用圓頂尺寸將座位盡量往中間靠，降低和天空的距離感，以演出真實的星空。另外，座位區非階梯式，是水平排列。

椅子可以自動調整，共5段式，往前40°，往後30°。

觀賞座位
為了確保每個人的空間，座位的左右及前後可以自動調整。座椅是以就算變暗還是可用肉眼辨識的藍色為主色調。

30° 30°

主喇叭（上

主喇叭（中段）

主喇叭（下段）

藍天・薄暮照明裝置 P.89

外徑**40**m

內徑**35**m

輔助投影機 P.89

共**350**個座位

隱藏式喇叭

地板下方喇叭

中央喇叭

地板下方設有空調和喇叭。仔細看地板有聲音和空調的孔洞。

為使投影機在投影時不會產生陰影，使用的光學投影機為可收納升降式。

在2011年3月進行大改建。由生命館、理工館和天文館組成，有約220種的展示品。令人矚目的是擁有金氏世界紀錄也承認，世界最大球體的星象儀。以驚人的尺寸投影出的天體及逼真的星象圖，不分男女老幼吸引了很多人。因為每個月會播放各種精心設計的節目，就算多來幾次也好玩。另外，戶外的H-II B機器人、高9m的人造龍捲風等大型展示品也是必看處。能實際體驗到規模驚人的神祕科學與魅力。

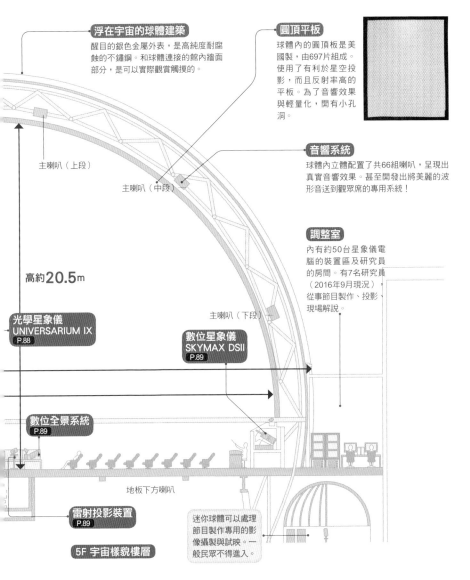

浮在宇宙的球體建築
醒目的銀色金屬外表，是高純度耐腐蝕的不鏽鋼。和球體連接的館內牆面部分，是可以實際觀賞觸摸的。

圓頂平板
球體內的圓頂板是美國製，由697片組成。使用了有利於星空投影，而且反射率高的平板。為了音響效果與輕量化，開有小孔洞。

音響系統
球體內立體配置了共66組喇叭，呈現出真實音響效果。甚至開發出將美麗的波形音送到觀眾席的專用系統！

調整室
內有約50台星象儀電腦的裝置區及研究員的房間。有7名研究員（2016年9月現況）從事節目製作、投影、現場解說。

主喇叭（上段）

主喇叭（中段）

高約**20.5**m

光學星象儀 UNIVERSARIUM IX P.88

主喇叭（下段）

數位星象儀 SKYMAX DSII P.89

數位全景系統 P.89

地板下方喇叭

雷射投影裝置 P.89

迷你球體可以處理節目製作專用的影像攝製與試映。一般民眾不得進入。

5F 宇宙樣貌樓層

追求真實的投影系統

利用世界規模最大的圓頂，為了投射出逼真的星球、行星及天體，導入最先端的投影機和影像系統。以下講解的是各機器構造、功用及令人驚豔的性能。

光學星象儀
UNIVERSARIUM IX

位於圓頂中心的光學星象儀。能正確投射出肉眼可見的9100顆恆星、月亮、太陽和行星的變化與天文現象。不僅是靈活清晰的星象，還能真實重現閃耀星光。

銀河投影單元體

投射出星光朦朧的銀河。以用特殊方法數位化的天體照片為基礎，重現肉眼可見的銀河。

行星投影機

和恆星投影機分開，設置太陽、月亮、行星的投影機。可以個別操作投影出恆星和各行星。還能再現月亮圓缺、夕陽顏色變化、日蝕與月蝕等。

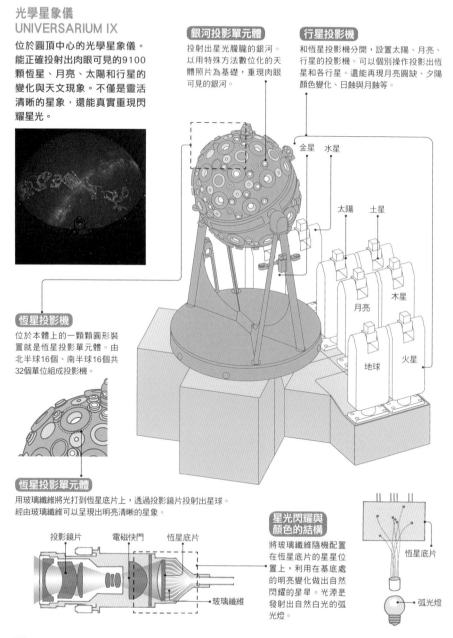

金星　水星

太陽　土星

木星

月亮

地球　火星

恆星投影機

位於本體上的一顆顆圓形裝置就是恆星投影單元體。由北半球16個、南半球16個共32個單位組成投影機。

恆星投影單元體

用玻璃纖維將光打到恆星底片上，透過投影鏡片投射出星球。經由玻璃纖維可以呈現出明亮清晰的星象。

投影鏡片　　電磁快門　　恆星底片

玻璃纖維

星光閃耀與顏色的結構

將玻璃纖維隨機配置在恆星底片的星位置上，利用在基底處的明亮變化做出自然閃耀的星星。光源是發射出自然白光的弧光燈。

恆星底片

弧光燈

利用各種投影機器播放影像

名古屋市科學館雙重使用「光學星象儀」和「數位星象儀」。再加上輔助性影像系統與照明裝置的運用，進行一場廣泛獨特的演出。

數位全景系統

投射圓頂地平線附近周圍與360度的廣角畫面。以24K的高度細緻畫像，呈現出名古屋街景與傍晚時的景色等。

數位星象儀SKYMAX DSII

以電腦計算特定時間、位置的星空，再用投影機投射出來的系統。以恆星或銀河的資料庫為基礎，再現過去～未來或是從地球以外所看到的宇宙。

輔助投影機

在東南西北及天頂5個方向，投射出全高清影像。播放解說圖片或字幕時使用。

雷射投影裝置

安裝5台投影裝置及煙霧機。能上演以星空為背景的動畫或雷射燈光秀。另外，雷射燈光秀在夜間或特別投影時進行。

備有身心障礙者能使用的隔音室。還有可以坐在輪椅上欣賞的空間。

藍天·薄暮照明裝置

可以重現白天的蔚藍晴空到晚霞、朝霞及街景亮起的情景。由特殊鹵素燈泡組成的專業系統。

研究員進行現場解說的解說區。也可以控制星象儀的投影機等。

星象儀的解說區與現場解說

名古屋市科學館的特色之一是研究員的現場解說。在設置於同個圓頂中的講台上，一邊集中操作投影機器，一邊透過麥克風進行現場解說。因此，要在電腦螢幕關掉，一片黑暗的情況下進行必要之操作。當然，研究員要以身體記住各操作開關的位置。

解說區位於可環視全場的位置。邊操作邊進行解說。

大型展示的機械裝置是？

和星象儀同時完成的另一個焦點，是可以實際感受到規模巨大、不可思議的大型科學展示。在此處近距離地了解產生巨大人造龍捲風的裝置，與120萬伏特的放電裝置構造。

龍捲風實驗室

能以人工形成龍捲風般的空氣漩渦裝置。從下方冒出的霧氣，一邊旋轉一邊上昇，成為高9m，是日本最大的人造龍捲風。可以清楚看見產生龍捲風的機械裝置，相當有趣。

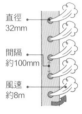

直徑
32mm

間隔
約100mm

風速
約8m

送風用支柱

從側邊孔洞產生龍捲風旋轉氣流的3根支柱。柱子上方裝有送風機，吹出風速約8m的風。人造龍捲風的旋轉氣流也是自然界常見的左迴旋。

表演時間

在龍捲風實驗室一天有3～4場的表演。穿上魔法師服裝的工作人員，會讓龍捲風變得比平常更強烈。利用風車或氣球的現場實驗也很有趣！

③

當初考慮到空調會造成影響，打算用玻璃圍起來，但以方便參觀者欣賞為優先，展示區就不裝玻璃。

高**9**m

②

透過一個按鈕，就能隨時產生巨大的人造龍捲風。

大型超音波加濕器

為了能看到龍捲風，從地板下噴出大量霧氣。安裝3台大型超音波加濕器。使用大型加濕器，就能連續產生龍捲風！

①

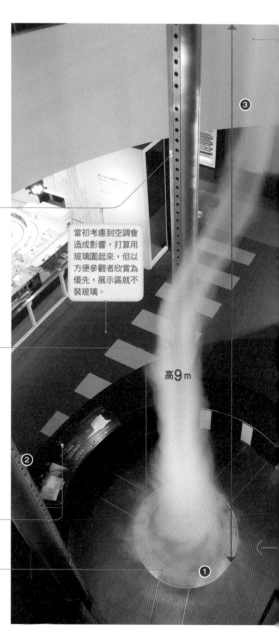

吸入型大風扇

透過裝在天花板的吸入型風扇，產生上升氣流。吸進去的風大部分會直接送到支柱內繞圈循環。

龍捲風裝置的構造

❶ 噴出霧氣
按下裝置按鈕，首先從設在地板下的大型超音波加濕器冒出大量滾滾霧氣。

❷ 產生旋轉氣流
從圍繞在龍捲風裝置周圍3根支柱邊上的孔洞，開始吹出側風形成左迴旋的旋轉氣流。

❸ 產生上升氣流
設置在天花板的吸入式風扇強力運轉。透過上升氣流的產生，左旋式旋轉氣流往上伸展。

放電實驗室

利用2座巨大的特斯拉線圈（Tesla Coil），一口氣放出120萬伏特的巨大電氣能量。發出讓人不禁要搗住耳朵的放電音同時，還有強光閃電。現場表演平日依到達的先後順序，例假日則會發放號碼牌，請盡早抵達。

120萬伏特

放電結構

特斯拉線圈是？

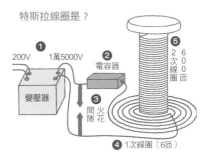

❶ 200V → 1萬5000V
❷ 電容器
❸ 火花間隙
❹ 1次線圈（6匝）
❺ 2600匝 2次線圈
變壓器

❶ 透過變壓器將200V變成1萬5000V。

❷ 以電容器儲存電能。

❸ 靠近火花間隙一次放電。

❹ 一次放出的1萬5000V流至1次線圈，透過共振現象電流再一次流入2次線圈。

❺ 利用2次線圈增加電能，形成120萬伏特的放電！

Data ⋯⋯⋯⋯⋯⋯⋯⋯⋯⋯⋯⋯⋯⋯
名古屋市科學館
☎052-201-4486　**地址**：名古屋市中区栄2-17-1　**交通**：從地下鐵東山線、鶴舞線伏見站徒步5分鐘　**費用**：展示區參觀費400日圓、展示區與星象儀參觀費800日圓　**開放時間**：9點30分～17點（入館～16點30分）　**公休日**：週一（若遇假日則延至次一上班日）、第3週的週五（若遇假日則改至第4週的週五）

📕**MEMO**　展示於戶外的H-ⅡB機器人，和實際飛到宇宙的真正火箭，是出自於同一個結構實驗機所組成。結構實驗時使用的零件，有些直接留在原處，請務必找看看！

綠燈時無法一次通過的真相是？

100m道路（久屋大通）

戰爭結束後的昭和20年（1945）12月，市政府在報紙上發表有關戰後復興的大中京重建計畫。計畫內容是「未來在庄內川與天白川間的土地上，規畫能容納200萬人的大都市。2條100m道路、9條50m道路。」但是，因清除瓦礫、大規模的街區劃分進行搬家、撤退等，在計畫執行上有種種問題堆積如山。這些在前內務省請來的執行實際業務負責人，田淵壽郎的鋼鐵信念下順利解決，按計劃完成2條100m道路。

建設〔100m道路〕的驚人軼聞

❶ 舉辦宣傳計畫的復興祭典
在昭和21年（1946）10月，為了讓各界知道街區畫分整理事業的必要性與意義，舉辦復興祭典。

❷ 遷移墓地以完成和平公園
為了遷移墓地興建和平公園。據說移動了277間寺廟，超過18萬座墳墓。

❸ 直接移動建築物來搬移建築物
因道路拓寬而成為障礙物的大樓等，利用軌道或滾動軸承的曳家工法來搬動。

希望之泉
這座噴水池可說是久屋大通公園的指標。穿過噴水池遠眺電視塔的景色也很棒。

比西邊的交通號誌先變成綠燈。綠燈時間約為60秒。

綠燈時走得到對面？
驗證〔徒步時速4.8km〕

東

東邊的交通號誌先變成綠燈，因為西邊的號誌設有時間差，東→西以正常行走速度就能到達對面。

錦通久屋

單行道

名古屋的2條100m道路！

名古屋的100m道路，依當初的計畫興建了2條。南北貫穿市中心的「久屋大通」，和東西向的「若宮大通」。若宮大通寬100～105.48m，總長4095m。在中央分隔島上方有名古屋2號高速公路東山線經過。高架橋下的公園，有網球場、滑板練習場和停車場可供利用。

若宮大通。中央高架橋是名古屋高速公路。路邊有銀杏行道樹。

南 地下

久屋大通地下有停車場和中央公園（Central Park）地下街。另外還有地下鐵名城線經過。

久屋大通公園

建於100m道路中央分隔地帶的公園。可用來當作各種活動會場。

比東邊交通號誌約慢6秒變成綠燈，約慢12秒閃爍。

久屋大通公園
平均寬度**78m**

錦通

西邊的交通號誌，因為比東邊更慢變成綠燈，所以用走的到不了對面。要小跑步才來得及！

錦通久屋

單行道

久屋大通
總長**1738m**

久屋大通
平均寬度**112.17m**

北

日本最古老的電波塔之歷史與秘密

名古屋電視塔

昭和29年（1954）6月19號竣工，是日本最早的集約電波塔。在當時是東洋第一的高層建築物，引起廣大話題。2005年，成為首座國家登錄有形文化遺產的塔台，即便因類比播放的終止結束電波塔任務，至今仍是名古屋的象徵，頗受歡迎。從觀景台和觀景陽台看出去，環繞於腳下的360度名古屋街景，與遠處的御嶽及白山等群山一覽無遺。電視塔從內到外，令人讚賞不已。

近距離了解電視塔的秘密

名古屋電視塔有日本最古老電波塔才有的特色與軼聞。以下將介紹令人不禁鼓掌的重點！

電視塔7年塗裝1次。總工程款居然要2億日圓！安裝鷹架，以人工進行塗裝。

日本唯一的銀色塗裝塔台
60m以上的塔台或煙囪，依航空法第51條規定，必須漆成紅白色。在制定第51條前完工的電視塔，最上方設有航空障礙燈，所以允許塗成銀色。

以人海戰術的人力作業僅費時9個月就完成用十字鍬和鎚子來挖地基。以卡車載送鐵架、馬車搬運零件的時代。以人力作業進行所有工程。儘管如此，依然以怒濤般的突擊之勢進行工程，自開工起9個月就完成！

塔台的結構設計者為內藤多仲博士
以當時的耐震結構學權威，內藤多仲博士為主來進行設計。塔的高度考量到地震、颱風等影響決定為180m。內藤博士之後也著手設計東京鐵塔。

Data
名古屋電視塔
☎052-971-8546　**地址**：名古屋市中區錦3-6-15先　**交通**：從地下鐵名城線、櫻通線久屋大通站出站即到　**費用**：觀景台入場費700日圓　**開放時間**：10點~22點（1~3月~21點）※最晚入場時間為各20分鐘前　**公休日**：全年無休（每年2次的維修時間會關閉）

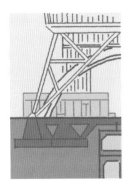

水泥拱柱
支撐電視塔的「不倒翁式」結構
因為當初規劃塔的正下方會有地下鐵經過，所以要研擬不挖深地基的結構。用鋼筋水泥拱柱連結塔腳，藉著降低重心的方式，做出像不倒翁般不會倒的結構。

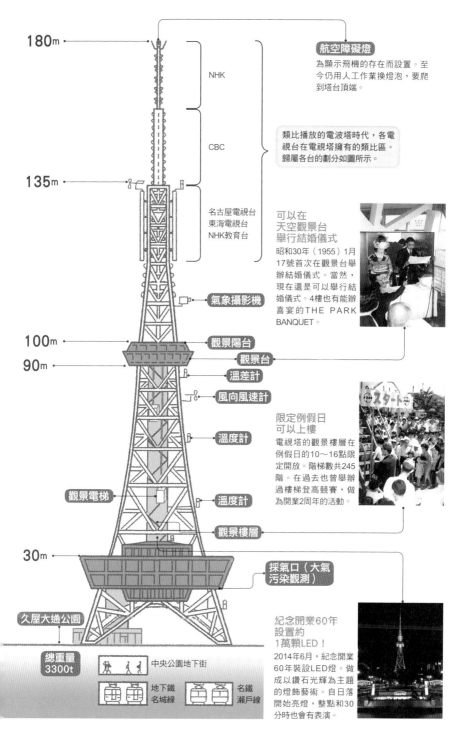

180m

航空障礙燈
為顯示飛機的存在而設置。至今仍用人工作業換燈泡，要爬到塔台頂端。

NHK

CBC

類比播放的電波塔時代，各電視台在電視塔擁有的類比區。歸屬各台的劃分如圖所示。

135m

名古屋電視台
東海電視台
NHK教育台

可以在天空觀景台舉行結婚儀式
昭和30年（1955）1月17號首次在觀景台舉辦結婚儀式。當然，現在還是可以舉行結婚儀式。4樓也有能辦喜宴的THE PARK BANQUET。

氣象攝影機

100m

觀景陽台

90m

觀景台

溫差計

風向風速計

溫度計

限定例假日可以上樓
電視塔的觀景樓層在例假日的10～16點限定開放。階梯數共245階。在過去也曾舉辦過樓梯登高競賽，做為開業2周年的活動。

觀景電梯

溫度計

觀景樓層

30m

採氣口（大氣污染觀測）

久屋大通公園

紀念開業60年設置約1萬顆LED！
2014年6月，紀念開業60年裝設LED燈。做成以鑽石光輝為主題的燈飾藝術。自日落開始亮燈，整點和30分時也會有表演。

總重量3300t　中央公園地下街

地下鐵名城線　　名鐵瀨戶線

巨大的「水之宇宙船」奇蹟

綠洲21（Oasis 21）

綠洲21是由商店林立的地下「銀河廣場」、位於半地下的「公車總站」、地上公園「綠之廣場」及浮在空中的「水之宇宙船」等4層所構成。自2002年10月開幕以來，成為榮的地標兼休閒綠洲，使用客層廣泛，從當地人到觀光客都有。尤其是水光輕盈飄浮於空中的玻璃大屋頂，水之宇宙船更具代表性，經常出現在各個電視廣告上。走到船上散步一下吧。

水之宇宙船是？

離地14m高，彷彿浮在空中的玻璃大屋頂（水之宇宙船）。是綠洲21的代表性空間，上面設有能在外圈散步的通道。

Data

綠洲21

☎052-962-1011　**地址**：名古屋市東區東櫻1-11-11　**交通**：與地下鐵東山線、名城線榮站直通　**費用**：免費入場　**開放時間**：餐飲店10點～22點、商店．水之宇宙船10～21點、服務門市10～20點　**公休日**：全年無休（店舖2月、9月會臨時休息）

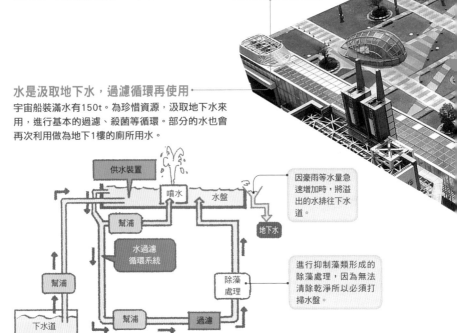

水盤

水　　面	約1700m²
水　重　量	150t
水　　深	約6～10cm

水是汲取地下水，過濾循環再使用

宇宙船裝滿水有150t。為珍惜資源，汲取地下水來用，進行基本的過濾、殺菌等循環。部分的水也會再次利用做為地下1樓的廁所用水。

供水裝置

噴水　　水盤

幫浦

水過濾循環系統

幫浦

幫浦　　過濾

下水道

地下水

因豪雨等水量急速增加時，將溢出的水排往下水道。

除藻處理

進行抑制藻類形成的除藻處理，因為無法清除乾淨所以必須打掃水盤。

水盤及地面裝強化玻璃

宇宙船玻璃是夾著防爆膜的強化玻璃。除了進行耐風壓、水密性及落球等確保功能、強度的實驗外，也做了實體大的全尺寸模型來進行驗證。人行道路面也做了防滑處理。

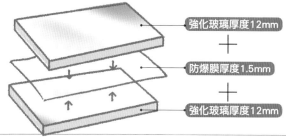

強化玻璃厚度12mm
＋
防爆膜厚度1.5mm
＋
強化玻璃厚度12mm

以4支圓柱支撐總重量2150t

支撐宇宙船的是4支巨大的鋼筋水泥圓柱。宇宙船的鐵架先分批在工廠製成散件，於現場焊接後，再用千斤頂下降（Jack down）於圓柱上。前端部份等，要利用最後的重量達成水平，需計算撓度後再組裝。

1圈約**220**m

長邊約**106**m

短邊約**36**m

走道寬**3.3～7**m

水之宇宙船

面　積	約2700m²
重　量	2000t
規定人數	180人

距離地上高度約**14**m

距離地下廣場高度約**22**m

在水盤有噴水表演。平日每隔1小時，例假日每隔15～30分鐘一場。

+60mm

組裝（焊接）時

最後完成時

圓柱

由42座戶外式大型LED打造美麗繽紛的點燈秀

以水之宇宙船為中心的點燈秀相當值得一看。依各季節準備數種造型。亮燈時刻為日落～23點。

春（櫻花）

夏（向日葵）

秋（紅楓）

冬（白雪）

熱愛無尾熊的名古屋

名古屋市東山動植物園

東山動植物園是日本最早開放無尾熊的動物園之一。昭和59年（1984）10月25號名古屋的姊妹市雪梨送給動物園2隻無尾熊。搭乘JAL特別班機抵達名古屋機場，一出機場就享有前後巡邏車開道，交通號誌一路長綠的超級VIP待遇。接著，昭和61年首次在日本繁殖成功。是的，就算黑猩猩再帥，還是不敵名古屋人熱愛無尾熊的程度。

充滿愛的無尾熊屋舍秘密

無尾熊屋舍於昭和59年完成。專為無尾熊打造的建築，引進當時最新的設備，內裝豪華。

總工程款約3億日圓
為紀念動物園成立50周年，屋舍由「兄弟工業」捐贈。

總面積約940m²

Data

東山動植物園

☎052-782-2111　**地址**：名古屋市千種區東山元町3-70　**交通**：從地下鐵東山線東山公園站徒步3分鐘　**費用**：入園費500日圓　**開放時間**：9點～16點50分（入園～16點30分）　**公休日**：週一（若遇假日則延至次一上班日）

關於種給超偏食主義者無尾熊吃的尤加利樹

無尾熊是只吃尤加利樹的超級偏食者。接著來了解日本國內為確保無尾熊生命來源的尤加利樹不虞匱乏所做的努力和方法。

尤加利樹的栽種地

日本沒有野生的尤加利樹，所以必須人工培植。因為不耐寒，也考量到颱風等突發狀況，分區栽種於溫暖地區。自澳洲購入種子。

愛知縣名古屋市千種區和平公園
靜岡縣濱松市北區引佐町
鹿兒島縣肝屬郡肝付町
沖繩縣名護市

共栽培30種
無尾熊食用的尤加利樹約有35種。日本國內種植其中的30種。因為是無尾熊要吃的所以不灑農藥。動植物園中也有專門負責尤加利樹的人員。

餵食時間
給無尾熊食物是在13點時。飼料中混約3種尤加利樹葉。雖然無尾熊幾乎整天都在睡覺，但餵食時經常可以看到牠們活潑移動的身影。

以攝影畫面進行 24小時管理！

以監視器24小時監錄無尾熊。何時吃尤加利樹葉、有無排便及時間、移動和睡眠等情況，詳實記錄每一隻的動向。

用自然木做無尾熊的棲木

無尾熊的棲木要定期進行交換作業。由飼育員實際看過後，挑選樹皮適合無尾熊抓握的分岔樹幹。

無尾熊屋舍的標誌出自「鳥山明」老師之手

名古屋市出身的漫畫家・鳥山明老師，設計無尾熊屋舍的標誌圖案。位於建築物的東北側牆面上，是相當受歡迎的照相熱點。

展示室明亮、觀賞通道黑暗，方便顧客欣賞無尾熊的姿態。

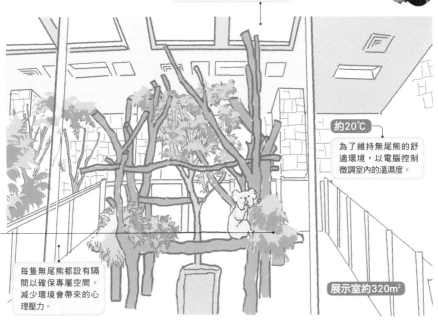

約20℃

為了維持無尾熊的舒適環境，以電腦控制微調室內的溫濕度。

展示室約320m²

每隻無尾熊都設有隔間以確保專屬空間。減少環境會帶來的心理壓力。

介 紹 園 內 養 育 的 6 隻 無 尾 熊

Clements	Tilly	Coco	Holly	Peace	Charlie
1997年	2009年	2010年	2013年	2011年	2014年
11月20號出生	12月15號出生	5月5號出生	12月25號出生	6月6號出生	11月27號出生
性別●♀	性別●♀	性別●♀	性別●♀	性別●♂	性別●♂

✐ MEMO　無尾熊不會從樹上掉下來被視為吉兆，動物園會在每年1月上旬的特定日子，送給考生園內特製的「無尾熊糞（運）」（譯註：日文中糞與運的發音相同）紙書籤。書籤是用牛奶盒和無尾熊的糞便做成的！

99

超厲害的水族箱秘密

名古屋港水族館

日本最大的主泳池

進行海豚表演的主泳池
是日本最大的戶外水槽。
北館2樓也設有水中觀察窗,
可以看到盡情跳躍的海豚!

海豚會跳起來觸碰
掛在約6m高的球。

泳池的水使用汲取自名
古屋港過濾的海水。

總水量1萬3400t

可容納3000人的看台

可以觀賞海豚快速游
動、有時轉圈、開心
跳躍的表演。可帶便
當等在座位上飲食。

海豚跳躍約6m

泳池長60m

泳

虎鯨、海豚池和
主泳池相連

主泳池和虎鯨及海豚
專用池相連。藉由水
門開合可以來去自
如。視每隻的身體狀
況、是否懷孕、育兒
或求偶等,在各水池
分開飼養。

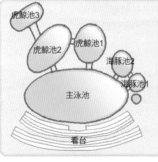

虎鯨池3
虎鯨池2
虎鯨池1
海豚池2
海豚池1
主泳池
看台

水中觀察窗高4m

最大

水中觀察窗寬29m

水中觀賞席

位於北館2樓的觀賞席設
有能看到主泳池水中情景
的巨大展示窗。整片藍色
空間宛如置身於水中般夢
幻。在表演時間,也可以
看到海豚賣力游泳的姿態
或跳入水中的情景。

擁有日本最大主泳池的水族館北館於2001年11月竣工。自2003年10月開始飼養虎鯨，之後虎鯨和海豚成為名古屋港水族館中最受歡迎的冠亞軍競爭者。當中，以主泳池為舞台的海豚表演，利用泳池的寬度與水深，展現充滿活力的泳技和跳躍，滿分演出值得一看。另外，2014年12月南館的珊瑚礁大水槽重新開放。使用名古屋港的水以閉鎖循環的方式挑戰珊瑚礁的培育等，果然處處精彩。

高畫質的大型影像裝置

設置在看台正面的大型銀幕。用來重播海豚的表演等。在表演以外的時間有生物的介紹影片。

海豚表演

以主泳池為舞台，海豚們演出步調一致的表演。游泳、跳躍、接住飛盤。1天3～5場，所需時間為20～30分鐘。

Check!

黃金週（GW）、夏季限定表演

火箭跳躍

海豚一口氣頂起水中訓練員。訓練員盪得比海豚高的豪邁跳姿，令人拍手喝采！

騎乘海豚

反坐在向前游的海豚身上。其實，因為下來反而比騎上去還困難，請仔細看。

尾巴打水

海豚用尾鰭敲打水面，對觀眾席激起水花。若坐在前排會被淋濕，要留意入座的位置。

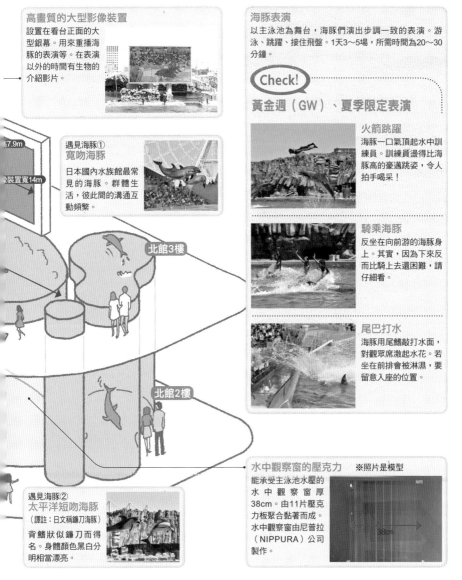

7.9m

裝置寬14m

遇見海豚①
寬吻海豚

日本國內水族館最常見的海豚。群體生活，彼此間的溝通互動頻繁。

北館3樓

北館2樓

遇見海豚②
太平洋短吻海豚

（譯註：日文稱鐮刀海豚）

背鰭狀似鐮刀而得名。身體顏色黑白分明相當漂亮。

水中觀察窗的壓克力　※照片是模型

能承受主泳池水壓的水中觀察窗厚38cm。由11片壓克力板聚合黏著而成。水中觀察窗由尼普拉（NIPPURA）公司製作。

38cm

以「閉鎖循環方式」打造日本國內最大的珊瑚共生體（活珊瑚水槽）

過濾水槽中的海水，珊瑚水槽採用可多次重複使用的閉鎖循環方式。近距離觀察日本最大級水槽提供給敏感的珊瑚特殊培養環境之秘密。

Data
名古屋港水族館
☎052-654-7080　地址：名古屋市港區港町1-3　交通：地下鐵名港線名古屋港站徒步5分　費用：2千日圓　時間：9:30～17:30（冬季～17點、GW、夏季～20點）※入館至結束前1小時　公休日：週一（遇假日則隔天休）※GW、7～9月、春假無休

照明器具

在水槽上安裝培養珊瑚特殊專用，會發出必要波長光線的照明器具。能重現太陽整天的動態，分段改變點燈位置與亮度。順帶一提，中午時的水槽最亮。

培養20種、250株以上的珊瑚

藉由九州大分海洋宮殿水族館「海蛋」的幫忙，取得並搬入活珊瑚。自2014年12月20號盛大開幕起，培養得相當順利，可以在水槽中看到豐富美麗的珊瑚動態。

綠石珊瑚的同伴
照片中的珊瑚是在枝枒纏繞的情況下長成圓盤狀。

▶泡沫表孔珊瑚
層層重疊如花瓣般的珊瑚群。長在海水較深的場所。

ライフコーナー
（生体サンゴ水槽）

寬5m

水量約40t

水深1.9m

縱深3.2～5m

製造水流的特殊幫浦

珊瑚除了光合作用外，還會吸收海水中成長必要的營養素。因此珊瑚周圍的海水必須經常流動＝水流。水槽旁的特殊幫浦，會產生如自然界般的不固定水流。

幸運的四斑宅泥魚

在活珊瑚水槽中，有約300隻三斑宅泥魚悠游其間。不過，當中其實有一條唯一的『四斑』宅泥魚。不是幸運的四葉草，是幸運的四斑宅泥魚。找看看吧！

維持高水質的循環&過濾系統

珊瑚是對水質相當敏感的生物。在沖繩或九州等緊鄰乾淨海水的水族館，是引進海水來飼養珊瑚。但是，名古屋港的水質並不適合這樣做。因此想出「閉鎖循環方式」來解決，首先高度淨化名古屋港的水，一旦海水流入水槽後就多次過濾重複使用。接下來將介紹這套高度淨化，但已不知源頭在何處的過濾循環系統構造。

生物過濾器

館內工作人員製作的生物過濾淨化裝置。把要淨化的海水倒入有海藻繁殖的水槽中，藉此去除磷和氮。為了讓海藻確實進行光合作用，在頂部安裝採光罩屋頂。

水自添水裝置流出以製造水流。

過濾器中放海藻或貝類、海星等。

貯水槽

活石

活石是死掉的珊瑚骨骼風化後，被各種生物附著繁殖的天然石頭。利用附著在石頭上的細菌產生淨化水質的作用。其實在很多魚類的展示水槽中也有放活石。

裡面是這個！

水循環

鈣反應器

補充隨著石珊瑚類的成長，飼養水中容易欠缺的鈣，並穩定pH質的系統。把二氧化碳加入放了珊瑚骨骼的裝置中，藉此讓鈣溶入海水內的構造。

添加裝置中所需的二氧化碳鋼瓶。

溶解自白色珊瑚骨骸的鈣。

蛋白質分離器

裝置中會產生像蛋白霜般的細緻泡沫，用來吸附污垢。機器是德國製，能應付大規模水槽的特製品。2台機器輪流使用，兼做故障備用機。

裝置的上方收集附著在泡沫上的污垢。

以每月輪流一次的方式來替換使用裝置。

近看名古屋車站的大型立體模型

磁浮·鐵道館
～夢想與回憶之博物館～

由JR東海公司所設立，介紹「高速鐵路技術之進步」的博物館。展出39台鐵路車輛實物，新幹線、在來線的真實模擬駕駛也是熱門話題。最精彩的是日本規模最大的鐵路模型。在寬約220m²的模型上，重現東海道新幹線的沿線情景，新幹線、在來線的模型車廂奔馳於其間。以燈光演出為首，豐富多彩的情境變化也頗具看頭！

鐵路模型規格

面積	約220m²
路線數	7條路線
軌道長	總長約1000m
比例尺	1/80～1/87（HO規）
車輛數	約450輛、70編組
建築物棟數	約500棟
人偶數	約2萬5000個
汽車等	約300台

Check!

行駛於模型內的新幹線

N700系新幹線電車

700系新幹線電車

保養

有模型專屬人員常駐於此。因為軌道髒污容易導致故障，所以每天要讓清潔車上線打掃。細微部分的調整或清掃，由員工目視手動進行。

JR中央大廈內的人物動態也看得到。發現在飯店大樓做公主抱的情侶。

車站月台的樓梯上有人穿著黃色服裝規矩排隊。當中居然有外星人！

JR中央大廈全高約1.5m

在車站月台微笑的藝妓。旁邊還有不停拍照的人。

實現全編組16輛的新幹線！

東海道新幹線1編組有16輛車。因此，就算是模型也堅持要做成16輛的全編組。長度居然有5m左右。模型空間也不輸給氣魄的新幹線，相當寬敞。

在模型車輛上進行專業改裝

模型列車不僅編組長，而且連日長時間運行。因為車身是模型用品，便將行駛相關零件等換成耐久性高的配件。也搭載數位行駛系統專用的控制晶片。

複數列車同時運轉的行駛模式頗受注目！

模型內有好幾條路線，有多台模型列車同時行駛在同一條路線上。簡直就像現實生活中的鐵路。要在模型內維持這麼複雜的行駛特殊系統與技術，令人讚嘆不已。

數位運行系統的監視器。有避免模型車輛追撞的控制裝置。

數位行駛系統

和真正的鐵路一樣搭載ATC（列車自動控制裝置）與CTC（中央行車控制裝置）。開發出可讓多台模型列車行駛於同一路線上，可操控的數位行駛系統。

ATC是？
配合和前台列車的間隔等自動降低速度的功能。

CTC是？
能遠距離控制路線號誌、轉轍器及指揮處的系統。

鐵路模型專用時刻表

名古屋車站的新幹線和在來線模型列車一班接著一班地出發。完成這份火車時刻表的是JR東海的員工。列車按時刻表一班接著一班發車的畫面是必看重點！

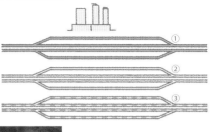

- ①東海道線
- ②中央線
- ③新幹線

新幹線車輛全長約5m

月台全長約6m

行駛在模型內的新幹線及在來線車廂中的細微動作也頗受注目。

Data

磁浮・鐵道館
～夢想與回憶之博物館～
☎052-389-6100 地址：名古屋市港區金城ふ頭3-2-2 交通：從青波線金城埠頭站徒步2分鐘 費用：入館費1000日圓 開放時間：10點～17點30分（入館～17點） 公休日：週二（若遇假日則順延至隔天）

鐵路的24小時照明演出

1次20分鐘的節目，演出鐵路的24小時。重複自一大早首班新幹線、在來線發車的白天～夜晚，然後到深夜的保養作業，令人樂在其中。在各處進行的豐富表演也很有趣。

早上～中午
從安靜的名古屋車站慢慢開出的首班車，拉開一天的序幕。

傍晚
模型染上晚霞，街燈開始慢慢亮起。

夜晚
月亮從JR中央雙塔的背後升起。照亮模型內的車輛。

深夜
在末班車的時間已過時，人們安靜入睡時，列車正忙著檢查保養。

✎MEMO 模型內也重現山梨的超電導磁浮實驗線。雖然只在眨眼之間，但因為超電導磁浮的模型車輛會迅速穿梭而過，請不要錯過。有舉辦活動時，0系新幹線和黃色醫生也會登場。

「蒲燒鰻魚蓋飯」

佐料（海苔、芥末、香蔥）

茶泡飯高湯

把切得細短的蒲燒鰻魚鋪滿放在木飯桶上，是有點奢侈的宴客鄉土料理。「蒲燒鰻魚蓋飯」是蓬萊軒的登錄商標，叫外賣時用木飯桶代替易碎的陶器皿，從為了容易分裝把鰻魚切細，到目前提供的吃法。

鰻魚採用關西風的地燒法（譯註：關東先蒸後烤，關西直接烤）。把塗上濃郁醬料烤好的鰻魚切細後鋪上。

吃完油脂肥美的鰻魚後，固定會附上爽口用的奈良醬菜。

因為是宴客料理，請盡情品嚐

❶ 用飯勺將桶中的白飯分成4等份。

❸ 第2吃，撒上青蔥或芥末等佐料。

❷ 第1吃，直接吃，品嚐鰻魚和醬汁的味道。

❹ 第3吃，撒上佐料，淋入高湯做成茶泡飯。最後選喜歡的吃法來品嚐。

採訪協力：熱田蓬萊軒

美食與享用方法 「味噌煮烏龍麵」

特別訂製的信
樂燒土鍋。

高湯是用八丁
味噌和白味噌
調和而成。

據說最先是『麵疙瘩』，將其做成烏
龍麵，放入使用豆類味噌的味噌沾
醬中，是一開始的吃法。只用水和
麵粉揉成形的烏龍麵，在生麵的
狀態下直接煮熟，彈性驚人，不
易咬斷，有些初次品嚐的人會
以為沒有煮熟。因為味道濃
郁，很多名古屋人會配飯一起
吃。

完全不加鹽，只用水
和麵粉揉出超有彈性
的烏龍麵。

夾烏龍麵時不會滑掉
的粗方筷（現在有顧
客要求才提供）。

非常燙，不要被燙傷了

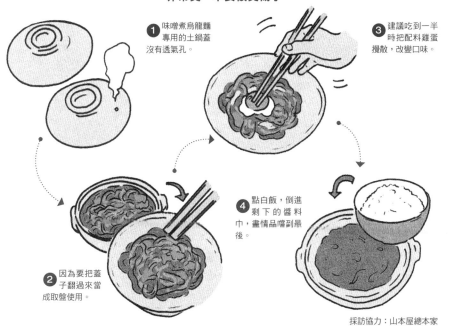

1 味噌煮烏龍麵
專用的土鍋蓋
沒有透氣孔。

3 建議吃到一半
時把配料雞蛋
攪散，改變口味。

2 因為要把蓋
子翻過來當
成取盤使用。

4 點白飯，倒進
剩下的醬料
中，盡情品嚐到最
後。

採訪協力：山本屋總本家

107

「雞翅」

名古屋必吃美食與享用方法

雖說是炸雞，但沒裹麵衣。

在炸雞翅上，塗上特製甜辣醬再撒上胡椒鹽、芝麻的美食。這道美食的由來源自居酒屋「風來坊」弄錯訂單，採購了大量雞翅，為避免浪費把醬料淋在炸雞翅上。主要是當下酒菜來吃，和冰透的生啤酒尤其對味！

以甜辣醬、鹽、胡椒調味。

以低溫和高溫2次油炸成外皮硬脆，裡面多汁的雞翅。

因為是居酒屋菜色，放輕鬆用手抓來吃吧

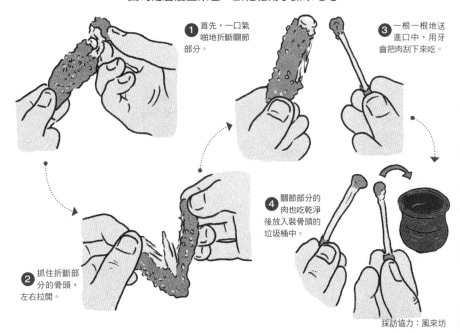

1 首先，一口氣啪地折斷關節部分。

3 一根一根地送進口中，用牙齒把肉刮下來吃。

4 關節部分的肉也吃乾淨後放入裝骨頭的垃圾桶中。

2 抓住折斷部分的骨頭，左右拉開。

採訪協力：風來坊

第 4 章

眾多建築物訴說著自江戶時代到近代的歷史。
本章節要介紹的是愛知縣必看的國寶、文化遺產等知名建築。

愛知 建築風格

從國寶、重要文化遺產到個性化建築物！

愛知名建築MAP

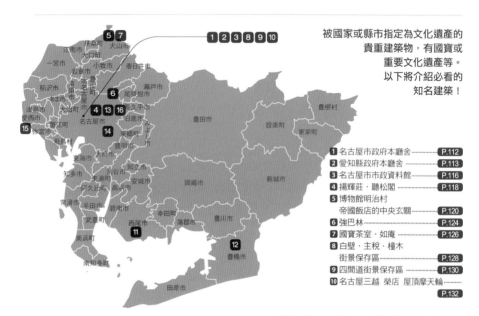

被國家或縣市指定為文化遺產的貴重建築物，有國寶或重要文化遺產等。以下將介紹必看的知名建築！

11 金蓮寺彌陀堂

源賴朝下令興建的三河七佛堂之一。可以看到中心柱、舟肘木和內部細格天花板等鎌倉時代的樣式，是縣內最古老的木造建築物。昭和30年（1955）被指定為國寶。**住址：**西尾市吉良町饗庭七度ケ入1

竣　工	文治2年（1186）
結　構	木造
規　模	地上1樓

12 豐橋日本正教會教堂

白牆與綠色尖塔屋頂的對比，打造出充滿異國風情的拜占庭式教堂。躲過戰爭的建築物，是縣內最古老的木造建築教堂。被指定為國家重要文化遺產。**住址：**豐橋市八町通3-15

竣　工	大正2年（1913）
結　構	木造
規　模	地上2樓、正面有八角形鐘樓

⑬ 東山供水塔

尖聳屋頂令人留下印象的建築物。自完工起43年間做供水塔使用。目前已功成身退，成為防災用的緊急供水設施，塔頂蓄有300m²的水。**住址：名古屋市千種区田代町四観音道西**

竣　工	昭和5年（1930）
結　構	鋼筋水泥建築
規　模	高37.85m

⑭ 八事山興正寺 五重塔

貞享5年（1688）興建的八事山興正寺。五重塔是總高約26m的卒塔婆，一樓正中央安置有大日如來本尊。是東海三縣內唯一的木造五重塔，國家重要文化遺產。**住址：名古屋市昭和区八事本町78**

竣　工	文化5年（1808）
結　構	木造
規　模	地上5樓

⑮ 船頭平閘門

資料提供◎國土交通省
木曽川下流河川事務所

為了在有水位差的木曽川和長良川間往來而設的閘門，是日本最早的複閘式閘門。目前仍具功能性的土木技術不僅在歷史上相當珍貴，也被指定為國家重要文化遺產。**住址：愛西市立田町福原**

竣　工	明治35年（1902）
結　構	閘首由磚瓦垂直堆成、閘室由間知石堆積而成
規　模	閘門全長56.3m，閘室長23.9m，寬5.6m

⑯ 名古屋市東山植物園 溫室前館

被譽為東洋第一的水晶宮，是日本早期的正式鋼骨結構溫室，國家重要文化遺產。整體加上玻璃的溫室全館最高處有12.4m高，全長66m，這麼大組的屋頂是桁架結構的鋼筋建築。**住址：名古屋市千種区東山元町**

竣　工	明治12年（1937）
結　構	鋼骨結構
規　模	595.98m²，玻璃屋頂

因保存修繕工程直到平成31年止不開放參觀。

鯱鐘樓是名古屋市的地標

名古屋市政府本廳舍

名古屋市政府本廳舍是昭和天皇大典建業（紀念天皇即位的建業），於昭和6年（1931）11月開工，約2年後完工。外觀設計從公開招募的559件作品中選出豐山村（現在的豐山町）出身的平林金吾先生的設計。平林設計案的特色是將傳統的雙層日式屋頂蓋在近代大樓上，是「以日本風情為基礎的近代格式」。尤其是聳立於中央的鐘樓屋頂和鯱，令人強烈意識到和名古屋城間的協調性。總工程款是260萬日圓。以企業物價指數為基準換算成今日價格約為200億日圓。目前仍肩負行政機能，也可以參觀成為電視劇或電影舞台的內部裝潢（部分不開放）。2014年和隔壁的愛知縣政府本廳舍同時被指定為國家重要文化遺產。

這裡必看

立於對稱建築物屋頂中央的鐘樓。配置雙層屋頂的塔頂上有睥睨四方的鯱，尋求和名古屋城間的協調。

1 2～4樓貼上褐色紋路的磁磚。是常滑伊奈製（現在的LIXIL）的產品。

2 從地下樓到2樓窗戶底下張貼石材。另外，5樓黃褐色部分則是鋪磁磚。

3 從地上到鐘樓樓頂的高度是53.5m。比愛知縣政府本廳舍的樓層數少，高度卻更高。

竣　工	昭和8年（1933）9月
結　構	鋼骨鋼筋水泥建築
規　模	地上5樓、地下1樓，附塔樓
建築面積	4496m²
總面積	2萬4404m²

屋頂爲城郭天守的西洋建築

愛知縣政府本廳舍

比 名古屋市政府本廳舍慢5年，愛知縣政府本廳舍於昭和13年（1938）完成。開工當時正是戰爭擴大時期，從發揚國威之意到建築方面均高舉著反映出日本傳統的旗幟，設計成頂部蓋上城牆風屋頂的帝冠樣式。據說在第二次大戰時將外牆塗黑做爲空襲對策，戰後再洗掉。是戰前建造的都道府縣廳舍中唯一的鋼骨鋼筋水泥建築。全日本有6棟被指定爲國家重要文化遺產的都道府縣廳舍，當中只有這裡還保有現役廳舍的功能。這裡的共用部分可以參觀（部分不開放）。也有預約制的縣政府觀摩。

能看到被指定爲國家重要文化遺產的帝冠樣式建築物並立的風景，全日本只有這裡！

這裡必看

在建築物頂部的3個方向，蓋著模仿名古屋城天守的屋頂。千鳥破風形的女兒牆令人印象深刻。上到屋頂可看到附近風景。

A 外牆貼面從地上依序是花崗岩、黃褐色磁磚、白色馬賽克磁磚。

B 北車庫和南車庫與本廳舍一樣建於昭和13年（1938）。做爲附屬建物被指定爲重要文化遺產。

C 本廳舍的高度是39.8m。比名古屋市政府低，但樓層數是6樓，多了1個樓層。

竣　　　工	昭和13年（1938）3月
結　　　構	鋼骨鋼筋水泥建築
規　　　模	地上6樓、地下1樓、附塔樓
建築面積	4666m²
總 面 積	2萬8314m²

鐘樓的建築設計是？

鐘樓是市政府的象徵性建築，不過，據說在當時的設計圖上並沒有畫時鐘。不論是大時鐘或細節部分，都有值得一看的各種設計。

睥睨四方的鯱
在方形屋頂頂部有四隻連成一體的鯱睥睨著東南西北。名古屋城是金鯱，不過這裡是綠色的銅製鯱。

屋頂
屋頂是以名古屋城天守為題的雙層式方形屋頂。和名古屋城一樣，不鋪磚瓦而是銅瓦。

避火鯱
屋頂的破風部分設置陶製鯱做避火之用。每層各設4隻，共有8隻鯱守護著市政廳。

時鐘
裝在鐘樓的東西南北每一面上。直徑2.95m，長針1.64m，短針1.38m。

鬼之雕像
每層屋簷下設有24個陶製鬼面雕像。雖說是有除魔的意義，但設計圖上並沒有畫。

4個時鐘合成1個時鐘!?
東西南北4面都裝上時鐘，但這可以說是一個時鐘的分身。從分歧裝置將訊號送到4個時鐘上，指針分秒不差地每隔30秒就會動。順帶一提，直到昭和44年（1969）為止是手動制，員工要以12個小時就要拉鐘錘。

分歧裝置
訊號
電波鐘

Data
名古屋市政府本廳舍
☎052-972-2106（名古屋市總務局）
地址：名古屋市中區三の丸3-1-1
交通：從地下鐵名城線市役所站出站即到
費用：免費參觀
開放時間：8點45分～17點15分
公休日：例假日

城郭天守的建築設計是？

和立於隔壁的名古屋市政府本廳舍一樣，有呈現出東洋風情及象徵性的城郭天守。不論是和名古屋城相似的屋頂，還是上到屋頂觀看細節部分，都會有新發現！

和名古屋城的屋頂一模一樣！

城郭天守有3處，有種說法是這在模仿名古屋城的3個望樓。入母屋屋頂搭配千鳥破風的組合也和名古屋城一模一樣！

女兒牆

屋頂的千鳥破風部分是兼做建築物女兒牆（立在建築物的屋頂頂部）的設計，蓋成特殊的帝冠樣式。

煙囪

蓋成口字型的本廳舍中央講堂附近有煙囪。聽說這個煙囪直到平成元年都是當鍋爐實際使用。

外牆

本來以為城郭天守的外牆會和名古屋城一樣塗上灰泥，不料居然和本廳舍6樓一樣貼白色馬賽克磁磚。

Check!

從屋頂眺望出去的美景！

從屋頂可以比較近距離地看到立於隔壁的市政廳鐘樓。能在全新角度照到鐘樓和名古屋城連在一起的照片也是魅力之一。

裝在樓梯部分的傾斜窗戶。

Data

愛知縣政府本廳舍

☎052-954-6057（愛知縣總務部） 地址：名古屋市中区三の丸3-1-2 交通：從地下鐵名城線市役所站徒步2分鐘 費用：共用部分免費參觀 開放時間：8點45分～17點30分 公休日：例假日

洋溢大正末年的巴洛克建築美

名古屋市市政資料館

做為名古屋上訴法院的廳舍，於大正11年（1922）興建的巴洛克式建築物。是全國8處上訴法院中最古老的一處，隨著昭和54年（1979）的新廳舍遷移，歷經改建工程後，於1989年成為名古屋市市政資料館對外開放。外觀、內裝都保有濃厚的昔日風采，復原的陪審法庭、豪華會議室，甚至是拘留室等，有很多值得參觀的地方。另外還有保存和名古屋市市政相關的貴重資料，也可以閱覽。昭和59年（1984）被指定為國家重要文化遺產。

巴洛克建築

以圓形屋頂的塔屋為中心左右對稱的結構，具備華麗與莊嚴的巴洛克風格為基礎的建築樣式。如實呈現出大正末期的日本建築趨勢。

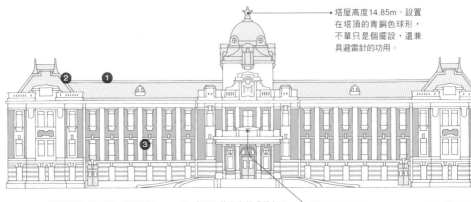

● 塔屋高度14.85m。設置在塔頂的青銅色球形，不單只是個擺設，還兼具避雷針的功用。

❶ 昭和34年（1959）換成鋪銅瓦的屋頂，目前復原成鋪石板瓦。

❷ 在建築物的四個角落和背面中央，設有維持陡斜屋頂的角屋。

❸ 紅磚和白花崗岩組成的紅白外觀令人印象深刻。總覺得和東京車站丸之內大廳很像，那也是理所當然的。因為設計本館的就是在設計東京車站的辰野金吾底下學習建築的山下啓次郎。

神鏡和神劍

從正面入口往外明顯突出的車寄上方，設有象徵嚴肅公正審判意義的神鏡和神劍的組合裝飾。

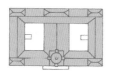

從上往下看的話…
從上往下看市政資料館的話，呈口字型。因為考量到動線和採光，設置玻璃花窗用的採光口。

竣　　工	大正11年（1922）9月
結　　構	磚瓦及鋼骨鋼筋水泥建築
規　　模	地上3樓、附部分塔屋
建築面積	2327.3m²
總 面 積	6719.9m²

獨立柱

右邊照片下方（2樓）的獨立柱中腰處貼大理石。柱腰上方在灰泥塗層外加上色彩及花紋，是像大理石般的紋彩。

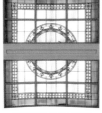

玻璃花窗1

抬頭看中央樓梯間的天花板，就能看到這塊方形玻璃花窗。圖案主題是意味著判決光明正大的太陽。

中央樓梯間的必看處！

在洋溢著壯麗氣氛的中央樓梯間，有許多必看重點。要參觀的話，請在光線照入館內的中午前過來。

① 圓弧形狀的拱頂天花板。具裝飾性意義和保留空間之意。灰泥塗漆。

② 牆壁塗灰泥。3樓大廳北側的上色部分是大理石紋彩。

③ 樓梯的扶手部分採用大理石。是珍貴的日本國產大理石，產自岐阜縣美濃赤坂。

④ 部分玻璃窗使用上了霜狀紋的霧面玻璃。目前約莫已停產。

Data

名古屋市市政資料館

☎052-953-0051　**地址**：名古屋市東區白壁1-3　**交通**：從名鐵瀨戶線東大手站徒步5分鐘、從地下鐵名城線市役所站徒步8分鐘　**費用**：免費入館　**開放時間**：9點～17點　**公休日**：週一（若遇假日則延至次一上班日）、第3週的週四（若遇假日則延至第4週的週四）、年底年初

玻璃花窗2

位於中央樓梯上方正面的玻璃花窗圖樣是天秤圖。這也是代表判決公平的符號。

Check!

還有這些景點！

成為『流星花園』『謝罪大王』等，多齣電影及連續劇外景地的市政資料館。館內還有很多其他景點！

拘留室

位於1樓的拘留室也是私房景點。冷冰冰的單人牢房不由得令人寒毛直豎!?

化石

館內大多採用大理石裝飾，但有個地方是化石。找看看在哪裡！

司法展示區

在第11常設展示廳的司法展示區，可以看到電影『謝罪大王』的法庭場景！

📓 **MEMO**｜依參觀者需求館內也有工作人員帶領的免費導覽。開始及所需時間由申請者決定，所以預約時請清楚告知。需預約。

修復前的外觀

在融合異國文化的奇異空間中旅行

揚輝莊・聽松閣

松坂屋的創辦人・十五代・伊藤次郎左衛門祐民，自大正到昭和初期在覺王山丘陵地上興建的別墅，揚輝莊。之前有30多棟房子散布在佔地1萬坪的住宅內，隨著時代變遷至今縮小到僅1/3左右的用地內，只剩數棟建築物。不過，揚輝莊的迎賓館、聽松閣有保留下來，整修後對外開放。外觀是使用天然木石的山莊風。館內1樓、2樓基本上都是西式裝潢。但是，到了地下一樓，裝潢就為之一變。以大廳壁面為首，充滿印度及東南亞的東方氛圍。

半露木結構的
小木屋式建築

用於建築物樑柱、窗框等的木料，露出外牆的半露木樣式。也用了很多天然石材。

車寄上方房間是祐民的書房。據說祐民晚年多在此處度過。

屋頂鋪的是日式瓦片。軒瓦的形狀罕見，可能是瀨戶燒的特製品。

整修前呈現白色的牆壁，在整修後恢復成原本的印度紅色牆面。

竣 工	昭和12年（1937）
結 構	木造及鋼筋水泥建築
規 模	地上3樓、地下1樓
建築面積	258.69m²
總 面 積	750.05m²

Data ·············
揚輝莊・聽松閣
☎052-759-4450 **地址**：名古屋市千種区法王町2-5-17 **交通**：從地下鐵東山線覺王山站徒步10分鐘 **費用**：參觀費300日圓 **開放時間**：9點30分～16點30分 **公休日**：週一（若遇假日則延至次一上班日）

石雕虎
位於車寄正面的老虎雕塑。背面刻有「大齊永明六年二月二十五日敬造」的文字。換算成西元是488年。

玄關門
玄關門使用以書法寫上「名古屋三丁ノ內 伊藤治（次）郎左衛門殿行」的單片櫸木板。

※目前文字模糊不清，難以認清。

精采萬分的神秘摩軻地下室！

地下室是昭和9年（1934）到印度、東南亞旅行的祐民打造出的「感動」空間。

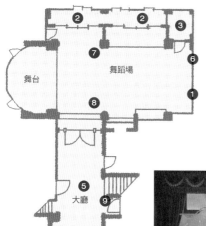

❶ 跳舞女神像

裝飾於舞蹈場西邊的浮雕。據說是直接拓印自柬埔寨吳哥窟印度教寺院的雕刻。

❷ 舞蹈場的玻璃雕刻

聳立於喜馬拉雅山的世界第3高峰，干城章嘉峰雪嶺的蝕刻版畫。透過白天的戶外採光、夜晚的照明燈光呈現出立體感畫面。

❸ 冥想室

設於舞蹈場西邊左側的小房間被認為是冥想室。在一面貼著磁磚的牆上，中間鑲嵌著女神雕像。

❹ 隧道遺跡

在地下室大廳北邊，有延伸通往地下的樓梯。這是全長170m的隧道遺跡。目前已被堵住，只剩下這個入口。

❺ 大廳壁畫

印度阿旃陀石窟（Ajanta Caves）的壁畫群當中，關於釋迦摩尼誕生的部分臨帖。是寄住在伊藤家的印度人Hariharan所畫。

俯拾皆是的東方設計！

❻再現吳哥窟石窟。
❼❽柱子上的唐草圖樣與雕刻。
❾古代印度風的樓梯圖樣。

MEMO｜在聽松閣有定時導覽活動。10～11點30分、13點～15點30分的整點、30分開始。免費參加毋須預約。時間開始前在聽松閣1樓集合。

近代建築大師法蘭克洛伊萊特設計的傑作

博物館明治村
帝國飯店的中央玄關

從圖面躍然而出的
昔日帝國飯店！

移至明治村重建的只有中央玄關。建築面積是911m²，只有從前的1/8左右而已。把現存中央玄關部分和紀錄中保存的正面圖及平面圖重疊起來看的話，昔日帝國飯店的雄偉躍然而出。

竣　　工	大正12年（1923）
結　　構	鋼筋水泥建築（部分磚造）
規　　模	地上3樓（部分4樓、6樓）、地下1樓
建築面積	7141m²
總面積	2萬9107m²

北棟客房
位於北棟西邊的迎賓室，不須經過走廊就能直接進入客房。入口處曾有「天皇入口」的文字。

約88m

由20世紀建築界的代表性建築師，法蘭克洛伊萊特（Frank Lloyd Wright）設計，於大正12年（1923）完成的帝國飯店。佔地面積約有1萬4534m²，大量採用十三溝面磚和浮石凝灰岩呈現沉穩壯麗的平衡美、以平等院鳳凰堂為靈感的對稱設計等，被譽為是當時日本建築史上的最高傑作，貨真價實的名建築。

昭和42年（1967）12月，因老化朽敗開始進行拆除工程，但因保存運動與政府的介入，決定僅移建修復中央玄關。自開始拆除經過17年後於昭和60年（1985）在明治村對外開放。保有昔日風采的中央玄關，如今靜靜地佇立在明治村一隅。

飯店內的主要設施

Ⓐ北棟客房　**Ⓑ**中央（公共）棟　**Ⓒ**南棟客房

〈一樓〉
❶池塘　**❷**表象意義壺　**❸**休息室
❹大廳　**❺**主餐廳　**❻**園林庭院

〈主樓面〉
①木甲板　②露天陽台　③走廊
④禮堂（劇場觀眾席）　⑤舞台　⑥電梯

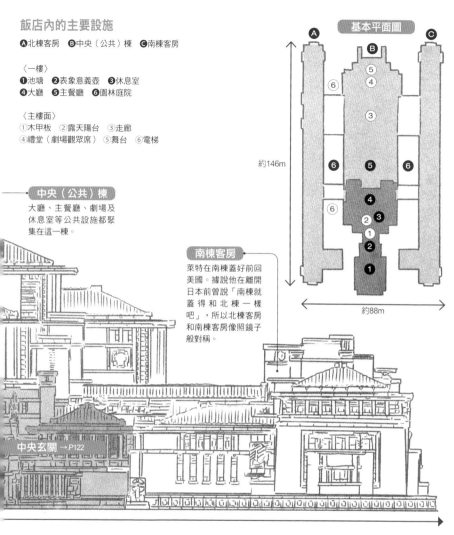

基本平面圖

約146m

約88m

中央（公共）棟
大廳、主餐廳、劇場及休息室等公共設施都聚集在這一棟。

南棟客房
萊特在南棟蓋好前回美國。據說他在離開日本前曾說「南棟就蓋得和北棟一樣吧」，所以北棟客房和南棟客房像照鏡子般對稱。

中央玄關 →P122

5個更深入了解帝國飯店的關鍵字

法蘭克洛伊萊特
美國建築家。目前除了祖國外只剩日本還有他的作品。日本國內包括帝國飯店還保有4件作品。也是知名的浮世繪收藏家。

草原式風格（Prairie Style）
草原式風格是萊特建築的特色之一。抑制高度強調水平線的設計，帝國飯店中也有用到。

幾何圖形
設置壺或塔等素材，或是柱子、橫樑及扶手等，到處都充滿幾何學圖樣。這些樣貌或許是大自然的抽象化設計。

有機建築
萊特所提倡，和自然或環境協調的建築，帝國飯店也是其中之一。巧妙引進外來光源的大廳就是良好示範。（P.123照片）

對稱美（Symmetry）
帝國飯店的左右對稱設計據說靈感來自平等院鳳凰堂。明治26年（1893）舉辦的芝加哥萬國博覽會中，萊特初次見到日本建築。那棟建築就是日本館「鳳凰殿」。以1/2比例模仿平等院鳳凰堂的左右對稱建築，前面也設有池塘。不過，萊特是否看過真正的鳳凰堂，目前尚無定論。

現存中央玄關的放大圖！

遷移到明治村重建的中央玄關，不只外觀，內部也可以參觀（部分限制）。3樓挑高的館內有許多必看點。原始裝潢也有保存下來，請細細欣賞。

累積球雕刻

在車寄上方，立有由好幾顆球體組合而成的擺設。

開業當時，中央玄關上方立著「IMPERIAL HOTEL」「帝國飯店」的文字。

十三溝面磚

打造帝國飯店特色的十三溝面磚，產自伊奈制陶廠（現在的LIXIL）。據說帝國飯店首度使用，就造成流行。上面是移建後的石磚，下面是興建當時的石磚。

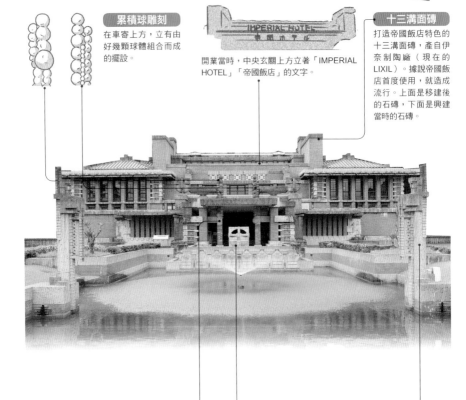

車寄雕刻

裝設在車寄柱上的雕刻。這也是球體聚集而成的造型，仔細看左右為非對稱型。

表象意義壺

也可說是帝國飯店的象徵（表象）壺。飯店內外皆設置有好幾個。

池邊立像

位於中央玄關正面的池塘邊，有一對立像面對面地站著。是完全左右對稱的設計。

大量使用浮石凝灰岩的理由

在帝國飯店，使用大量重量輕、加工容易而且防火性能佳的浮石凝灰岩。不過，其實浮石凝灰岩是替代品，當初考慮使用偏紅色的蜂巢石，但因為產量少只好放棄。

館內至今飄散著昔日氛圍

以浮石凝灰岩和陶器裝飾的館內也有滿滿細節！

挑高至3樓的主大廳。　❶從玄關正面窗戶透進來的光線上下左右交錯，館內雕刻也被染上微妙的陰影。　❷2樓是營業用咖啡廳（12～2月平日公休，正月除外）。使用萊特設計的椅子和餐具複刻品。

❸光線籠柱。以十三溝面磚、浮石凝灰岩及陶土裝飾的柱子，內部設置照明燈光。　❹以前在這片窗簾的另一邊連接著主餐廳。　❺在2樓掛著萊特的照片。

也有萊特設計的家飾品！

不僅是帝國飯店的建築，萊特自己也經手設計家飾品及餐具類。因為館內到處都留有原創正品，來找找看吧。

➡把正六面體的8個角切成三角形做成的燈具。鏤空雕花部分是銅板。

⬅燈罩所呈現出的設計感，就像是日本的格窗或窗櫺。

➡茶几的正八角形桌面令人印象深刻。這或許是個復刻品。

⬅椅背做成六角形的時髦椅，是萊特設計的原創正品。就算現在也能安穩地坐著。

明治村還有很多棟知名建築！

在明治村超過60件的建築物中有10件是重要文化遺產。其他大部分也是登錄的有形文化遺產。因為散布在寬敞的村內，也可以利用蒸氣火車、京都市電或村營公車來參觀。

Data

博物館明治村

☎0568-67-0314　**地址**：犬山市內山1
交通：從名鐵犬山線犬山站搭岐阜市区公車車程20分鐘，在明治村站牌下車即到。　**費用**：入村費1700日圓　**開放時間**：9點30分～17點（依時期改變）
公休日：12/31、12～2月的週一（假日、正月期間開放）※夏季平日不固定公休、1月平日有維修保養公休日

📕**MEMO** 在博物館明治村，有研究員帶領到限制參觀處的「建築物導覽」，及介紹村內每一區景點的「志工導覽」等。

重現正統原貌，日本唯一的藏傳佛教寺廟

強巴林

曾被稱作「名古屋西藏」的守山區志段味·吉根地區，有棟金黃閃耀及色彩斑斕的寺廟。這是藏傳佛教最大教派格魯派，大昭寺·波米高僧的弟子森下永敏師父興建，日本唯一的藏傳佛教寺廟。因為是首度在日本興建，設計師、建築業者同赴現場進行測量、調查等。從建築材料到佛具、本尊、諸尊佛像及佛畫等細節，花了4年歲月重現大昭寺的精華部分。

❷ 五彩經幡
寫上經文的五色祈禱旗。所代表的意義，藍色是天空、白色是白雲、紅色是火焰、綠色是水、黃色是土地。據說經幡腐朽之時表示願望達成。

了解宗教內涵意義

由印度傳來，密教元素強烈的佛教和當地宗教結合而成的藏傳佛教。感受達賴喇嘛提出的最高原則思想。

一定要順時針轉

❶ 轉經輪
內藏經文，一邊念「唵嘛呢叭咪吽」六字大明咒一邊轉就能得到轉圈數量經文的功德。是藏傳佛教的傳統宗教法器。

轉經徑
複數並排的轉經徑等，有各式轉經輪。轉經徑運自西藏。

③ 藏傳佛教廟頂上方一定會看到的法輪與鹿。法輪是佛教教義，最先聆聽佛陀傳授佛法的是鹿，也就是釋迦摩尼佛教義聖地的意思。

④ 代表佛教傳入前西藏當地信仰的宗教，祭祀長毛西藏牛，犛牛的毛。

⑤ 西藏人的祖先
位於釋迦堂入口有7座木雕像。觀音菩薩化成的靈猴和多羅菩薩化身的石魔女生下6個小孩。據傳這隻靈猴和孩子們是西藏人的祖先。

釋迦堂（內陣）
安置佛像本尊，在日本名為正殿的地方，被當地佛畫‧唐卡包圍起的空間。和轉經輪一樣，按照宇宙規律在堂內順時針行走參拜。

Ⓐ 本尊和大昭寺的佛像本尊同為12歲的釋迦摩尼佛。經當地高僧做過開光法事。

Ⓑ 偉大佛道修行者的化身‧喇嘛及仁波切等的高僧座台。

Ⓒ 只有高僧會面向本尊，多數僧侶彼此面對面地進行法事。

夜間點燈

往春日井方向，市區街景一覽的高台上，夜景相當漂亮，可以在晚上過來參拜。相傳有助於戀愛成功，因此在情侶間相當受歡迎。

(Data)……
強巴林
☎052-736-4888　地址：名古屋市守山区青葉台101
交通：從JR、地下鐵大曽根站轉名古屋導軌巴士志段味線車程16分鐘，在龍泉寺下車徒步5分鐘。　費用：參拜費200日圓　開放時間：9點～17點　公休日：全年無休

MEMO　附設能品嚐到西藏咖哩或家庭麵食料理，Thukpa（湯麵）等道地西藏菜的Palucolu咖啡館。也有販售西藏民俗藝品的禮品區，參拜後過去看看，感受到西藏旅遊的氣氛！

125

有樂齋遺留下來的二疊半台目小宇宙

國寶茶室・如庵

興建如庵的是信長的弟弟，織田有樂齋。在茶聖・千利休的門下學習茶道，是被譽為「利休七哲（得意門生）」的茶道大師。相較於利休的茶室・待庵那二疊大的極小空間，如庵是二疊半台目，也就是二疊半＋台目疊（譯註：長度為原始榻榻米的3/4長）。在三面牆與天花板上開窗，四周貼上舊日曆或斜支柱的創意設計空間，和大師顛峰之作侘茶的嚴肅，兩者大異其趣。有樂齋說「兩疊半、一疊半等像是在為難來客」。如庵可說是將茶湯思想具體化的地方。

竣　　工	元和4年（1618）左右
結　　構	木造
規　　模	平房
建築面積	—
總面積	21.33m²

Check!

茶室外的必看處！
雖然茶室內部比較吸引人，但茶室外的庭院＝茶庭也是重要空間。從一進入庭院起就開啟了茶湯之旅。

刻有釜山海銘文的洗手盆。據說是加藤清正從朝鮮帶回來的物品。

蹲口前的土間（譯註：沒鋪木地板的土地面）設置4塊石頭。黑色踏腳石是加茂川的石頭。

茶湯前輩村田珠光挖掘的水井，順便取名為「佐女ケ井」。

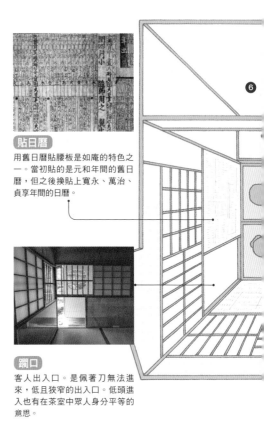

❻

貼日曆
用舊日曆貼腰板是如庵的特色之一。當初貼的是元和年間的舊日曆，但之後換貼上寬永、萬治、貞享年間的日曆。

蹲口
客人出入口。是佩著刀無法進來，低且狹窄的出入口。低頭進入也有在茶室中眾人身分平等的意思。

俯瞰如庵內部徹底剖析！

不僅有讓人覺得外觀嶄新、空間寬敞的視覺性效果，並具有考慮到侍者服務動線的功能性。

如庵是2疊半台目大的小空間，但當中處處看得到有樂齋的創意設計。從上往下俯瞰，就能仔細看清如庵的全貌。

❶ 鱗板
鋪在地板邊緣的三角形底板。這種設計據說是有樂齋最先用於如庵。

❷ 茶道口
主人泡茶的出入口。也稱做勝手口。另一側是水屋（依現今說法是廚房）。

❸ 洞庫
壁櫥中收納茶具的固定架。是道幸想出來的，也寫做「道幸」「道籠」「堂庵」。

❹ 板壁
立在點前座（台目疊）爐火前的中柱，嵌入木板隔成半疊。木板挖空成火燈形，將光線引入點前座的同時降低壓迫感。

❺ 爐
為了用火燒開鍋中熱水，切除部分塌塌米在地板下安裝地爐。爐的切法有8種。

❻ 床鋪
自躝口進來左手邊有設床鋪。通常是寬度較窄的台目床。

有樂窗
窗戶外側密密麻麻釘上整片竹子的連呼窗。從竹子和竹子細微縫隙間照入的外來光線，產生光與影的陰影。

天窗
在木板屋頂上設置開口的天窗。外側有遮蓋，能調整採光。內側貼窗紙。

Data

國寶茶室・如庵
☎0568-61-4608　**地址**：犬山市御門先1名鉄犬山Hotel內 有樂苑　**交通**：從名鐵犬山線犬山遊園站徒步8分鐘　**費用**：有樂苑入園費1000日圓　**開放時間**：9點〜17點（7月15號〜8月31號〜18點，12月1號〜2月底〜16點）　**公休日**：全年無休

舉辦觀摩會時可以進入室內！
在每月一次的內部特別觀摩會時可以進入如庵室內（平常只能從外面參觀）。講解、內部參觀和抹茶招待整套行程1人3200日圓。申請請利用往返明信片。

尋訪從日式到西式、從明治到昭和的住宅變化過程

白壁・主稅・橦木街景保存區

保留自江戶延續到明治、大正時代，傳承名古屋近代化過程的建築物等，被稱為「文化之路」的區域。在江戶時代是武家住宅區的白壁・主稅・橦木街景保存區，到了大正時代就成為企業家們興建住宅的區域，現在也還留有大正・昭和初期的宅邸。透過對外公開的①文化之路橦木館、②文化之路二葉館、③舊豐田佐助公館及④舊春田鐵次郎公館，代表當時富裕階層的宅邸，可以窺知大正近代建築的特色和日本住宅的變遷。

以前的日本住家 —→和洋館並存型住宅

說到江戶時代的庶民住宅，就是長屋。有土間廚房和房間，但沒有浴室只有公共廁所。中產階級或富裕農家的土間・廚房呈現所謂「田字形」，由四個房間構成屋內格局。

這裡

在明治維新時傳入西洋文化

❶ 文化之路橦木館

以陶瓷器商活躍於商界的井元為三郎，在大正末期到昭和初期蓋的建築物。有當時最先進的招待所洋房，和住家用的日式宅邸，留下濃厚的和洋館並存型住宅特色。

接待賓客的洋房

做為招待所的洋房。1樓是舊會客室和餐廳、2樓是浴室、寢室及休閒室。

起居用的日式住宅

在要脫鞋子的和室當中生活。格局是田字形，屋內也設有廚房和浴室。

清水口
出來町通
白壁

舊豐田家門、圍牆
5

金城學院高中

白壁街道

6
文化之路
百花百草

舊豐田佐助公館 ◀ **3**

主稅街道

4 舊春田
鐵次郎公館

8
主稅町
長屋門

7 天主教主稅町教會

2 文化之路
二葉館

國道41號

樘木街道

1 文化之路
樘木館

3 舊豐田佐助公館。由大正12年（1923）興建的磁磚洋房和寬敞日式住宅所組成。

4 大正13年（1924）興建的舊春田鐵次郎公館。洋房和內院日式住宅隔著中庭。

5 約建於大正7年（1918）的豐田利三郎（佐吉的女婿）舊宅遺跡，是雄偉的武家住宅建築。

6 興建於大正9年（1920）的岡谷家住宅。以「百花百草」之名對外開放書院與倉庫。

7 市內最古老的教會，天主教主稅町教會。建於明治37年（1904）的禮拜堂拱門相當優美。

8 主稅町長屋門。在名古屋城下唯一於原址保留現狀的江戶時代武家住宅長屋門。

→ 內部採用日式格局的西式住宅

2 文化之路二葉館

日本早期的女演員川上貞奴和電力王．福澤桃介於大正到昭和初期居住的宅邸。從並存型進化到在洋房中採用和室的和洋單獨和室吸收型住宅的折衷樣式。

外觀是日式宅邸　**外觀是洋房**

和室

和室像是被洋房吞沒般隱身於背後。1樓的和室主要是貞奴的居住空間。

會客用洋房

社交場所元素強烈，1樓是有旋轉梯的大廳、和美麗落地窗的餐廳。2樓是臥房等。

→ 會客室位於玄關旁的住宅

一般家庭也崇尚西洋文化，玄關旁附設會客室的西式住宅因應而生。之後，在日式家庭的玄關旁配置會客室的住宅也多了起來。

會客室｜客廳｜廚房
會客室
WC｜洗手台｜浴室

Data

文化之路樘木館

☎052-939-2850　**地址**：名古屋市東區樘木町2-18　**交通**：從地下鐵櫻通線高岳站徒步12分鐘　**費用**：入館費200日圓　**開放時間**：10點～17點　**公休日**：週一（若遇假日則延至次一上班日）

文化之路二葉館

☎052-936-3836　**地址**：名古屋市東區樘木町3-23　**交通**：從地下鐵櫻通線高岳站徒步10分鐘　**費用**：入館費200日圓　**開放時間**：10點～17點　**公休日**：週一（若遇假日則延至次一上班日）

消防、生活…，四間道成貨邊界的城下街町規劃

四間道街景保存區

四間道邊界幾乎是與慶長15年（1610）的名古屋城建城同時開挖，發展成利用堀川船運的清洲越商人城鎮。在美濃路大船町通沿線，利用水運提供米、鹽、味噌和酒給城下町的商家櫛比鱗次，四間道成為商人地和農村地的界線。名稱由來是在元祿13年（1700）的大火後路寬整頓為4間（約7m）之故。四間道以西長屋林立，身為逃過戰爭的寶貴地區，那一帶約2.8ha（公頃）被指定為街景保存區。

蓋了平房、夾層屋及2層樓房等長屋的下町區域。沿街叫賣的小販或從事堀川船運的勞工等庶民居住於此。

四間道

據說名稱由來是因消防目的或商業活動而拓寬道路一事。也有分隔城下和農村邊界的功能，描繪出東邊倉庫、西邊商家並立的獨特景觀。

堀川邊批發商店街的背面。填土墊高，倉庫建築林立。是提供城下町人們生活的富裕商人居住區。

防止火勢蔓延

四間（約7m）

在石牆上蓋倉庫，加強防火的城區規劃。

從側面看的地形

四間道　大船町通　堀川

Data
四間道街景保存區
地址：名古屋市西區那古野
交通：從地下鐵櫻通線國際中心站徒步5分鐘

大船町通（美濃路）

現在的大船町通

江戶時代邊界主要道路是連接東海道宮宿和中山道垂井宿的美濃路經過的大船町通。街道的東邊是倉庫、西邊是整排的商家及店鋪，穿梭來往的人們熱鬧不已。

江戶時代五条橋附近的熱鬧景象「尾張名陽圖會（國立國會圖書館館藏）」

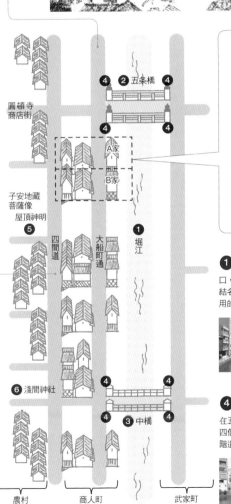

圓頓寺商店街

A家

B家

子安地藏菩薩像
屋頂神明 ❺

四間道

大船町通

❶ 堀江

❻ 淺間神社

❹ ❹

❸ 中橋

❹ ❹

農村　商人町　武家町

以堀川～四間道劃分的一條籠生活！

住在大船町通的商人住宅大多是以堀川到後門四間道的劃分為一區。也有佔地、建築廣大、間口寬敞的富裕商人。

財產或庫存　在店面買賣、生活　送到倉庫　從河川上貨

大船町通

❶ 堀川是面海的熱田宮渡口，及挖掘做為連結名古屋城物流之用的運輸要道。

❷ 堀川七橋之一，五条橋。原橋是移自清洲，現在的橋建於昭和13年（1938）。

❸ 堀川七橋之一，中橋。現在的橋於大正6年（1917）架設，是堀川最古老的橋。

❹ 堀川兩岸建有公共碼頭。在五条橋和中橋的四個角落還留有石階遺跡。

❺ 設在民家屋頂的小廟，屋頂神。保護庶民遠離火災與疾病而置。

❻ 正和4年（1647）遷移過來的淺間神社。境內有樹齡高過300年的欅樹和樟樹。

🖊 MEMO ｜ 從五条橋向西延伸的街道，是昔日與大須、大曾根並列名古屋三大商店街的圓頓寺商店街。也會舉辦各種活動，如第1週的週六、日有穿和服優惠、第一週週日有跳蚤市場等。

131

日本最早、令人懷念的百貨公司屋頂遊樂園摩天輪

名古屋三越　榮店

屋頂摩天輪

昭和31年（1956）12月，當時的東方中村百貨店（現在的名古屋三越百貨）將大樓擴建到7樓時，在8樓屋頂開闢遊樂場。當時就裝了這台摩天輪。運轉至2005年7月20號，是日本國內現存最古老的屋頂摩天輪，2007年登錄為國家登錄有形文化遺產。經歷高度成長期、泡沫經濟等時代至今仍穩健地立在屋頂上。

竣　　工	昭和31年（1956）12月
結　　構	鋼骨結構
規　　模	高度12m

雖然無法乘坐摩天輪，但以文化遺產的動態保存為目的，在週日、假日的12點和15點各運行轉動兩次。一定要來拍張紀念照！

Data

名古屋三越 榮店
☎052-252-1111
地址：名古屋市中区栄3-5-1
交通：從地下鐵東山線、名城線榮站徒步2分鐘
開放時間：10點～19點30分（屋頂遊樂場～17點）※依設施、季節有所變動
公休日：不定時公休

吊籃共9座
直徑9.5m
轉一圈約3分鐘
高度12m
1個吊籃乘坐4人
間距6.2m

位於東方中村百貨店正面玄關的袋鼠像。因三越開幕將位置讓給獅子像，之後就搬到摩天輪旁度過餘生。

摩天輪
就站在這裡！
戶外遊樂場的入口在三越8樓。

第 5 章

當地人熱愛，保留技藝和傳統的個性化東海祭典。
活動超級有趣，你們也來參加一次看看吧！

東海 行事曆

和產業及民眾密切相關的「熱田先生」專屬祭神儀式

熱田神宮祭

| **1月** | **2月** | **3月** | **4月** | **5月** | **6月** |

1月1號
歲旦祭
熱田神功的新年初次參拜。

1月5號
初惠比壽
祈求事業興隆、闔家平安、漁業豐收的祭典。

1月7號
世樣神事
在年初占卜該年的農作物收成情況。

1月11號
踏歌神事
以舞蹈和歌曲鎮住大地精靈，祈求消災招福。

1月15號
步射神事
除魔招福的祭神儀式。

2月11號
紀元祭
祝賀第一代神武天皇即位的皇紀元年（西元前660年）2月11號。

3月17號
御田神社祈年祭
祈求五穀豐產與產業興隆。

3月最後一週週日
冰上姊子神社太太神樂
姿態充滿野趣的鄉間祭神舞。

5月1號
舞樂神事
自平安時代流傳下來的祭神儀式。演奏整日的祭神舞曲。

5月4號
醉笑人神事
祭神儀式，傳頌至今的神器草薙劍回到熱田神宮的故事。

步射神事 1月15號

由初立、中立、後立3組各2人（太郎、次郎）的射手（神官）朝大箭靶每次射2箭共3次，合計36根箭。透過射箭有驅鬼避邪的意思。

除魔的『大箭靶』是？
最後一箭一射出，參拜者就會爭先恐後地前往大箭靶搶奪千木或箭。搶到的碎片可做為除魔護身符。

太郎　　次郎

背面畫「鬼」的大箭靶。直徑六尺（約1.8m）。

瞄準高18cm×寬5cm的大千木射箭。

太郎和次郎2人3組輪流射箭。相傳以前要是沒有射中箭靶要立刻切腹。

豐年祭 5月8號
（花之撓）

神官將1月7號世樣神事占卜到的該年農作物狀況，做成旱田和稻田兩種「試作物」模型裝飾在西樂所內。

因為有火神在要小心火災。

因為稻穗倒向北方必須注意風勢。

因為稻草包比往年多所以今年會是大豐收。

被當地人暱稱為「熱田先生」，信徒從名古屋當地遍布到全日本的熱田神宮。起源於1900年前三神器之一的草薙劍供奉於此地，自古以來凝聚了朝廷及武將的崇敬，是僅次於伊勢神宮，相當尊貴的知名神社。供奉草薙劍的該神宮，和伊勢神宮一樣是神明造建築。境內還供奉了其他43間神社，充滿莊嚴氣氛。

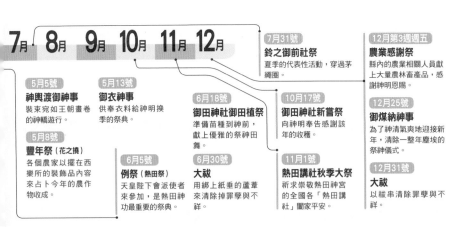

7月　**8**月　**9**月　**10**月　**11**月　**12**月

7月31號
鈴之御前社祭
夏季的代表性活動，穿過茅繩圈。

12月第3週週五
農業感謝人
縣內的農業相關人員獻上大量農林畜產品，感謝神明恩賜。

5月5號
神輿渡御神事
裝束宛如王朝畫卷的神輿遊行。

5月13號
御衣神事
供奉衣料給神明換季的典禮。

6月18號
御田神社御田植祭
準備苗種到神前，獻上優雅的祭神田舞。

10月17號
御田神社新嘗祭
向神明告感謝該年的收穫。

12月25號
御煤納神事
為了神清氣爽地迎接新年，清除一整年塵埃的祭神儀式。

5月8號
豐年祭（花之撰）
各個農家以擺在西樂所的裝飾品內容來占卜今年的農作物收成。

6月5號
例祭（熱田祭）
天皇陛下會派使者來參加，是熱田功最重要的祭典。

11月1號
熱田講社秋季大祭
祈求崇敬熱田神宮的全國各「熱田講社」闔家平安。

12月31號
大祓
以被串清除罪孽與不祥。

6月30號
大祓
用綁上紙垂的蘆葦來清除掉罪孽與不祥。

『試作物』怎麼解讀？
農業相關人員根據「試作物」的完成內容各自任意解讀，占卜今年的收成。

因為對著瀑布祈禱今年恐有豪雨之災。

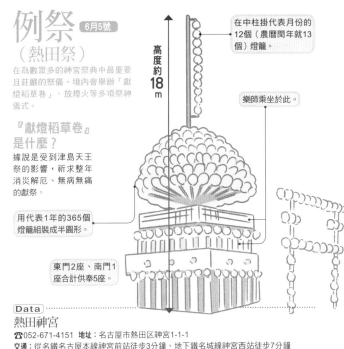

例祭 **6月5號**
（熱田祭）
在為數眾多的神宮祭典中最重要且莊嚴的祭儀。境內會舉辦「獻燈稻草卷」、放煙火等多項祭神儀式。

『獻燈稻草卷』是什麼？
據說是受到津島天王祭的影響，祈求整年消災解厄、無病無痛的獻祭。

在中柱掛代表月份的12個（農曆閏年就13個）燈籠。

樂師乘坐於此。

高度約**18**m

用代表1年的365個燈籠組裝成半圓形。

東門2座、南門1座合計供奉5座。

Data
熱田神宮
☎052-671-4151　**地址**：名古屋市熱田区神宮1-1-1
交通：從名鐵名古屋本線神宮前站徒步3分鐘、地下鐵名城線神宮西站徒步7分鐘

總人數約600人的大遊行！名古屋的文化、歷史畫卷

名古屋祭

在 昭和30年（1955）以「名古屋工商祭」為名開始的秋季一大盛事。往年，在2天內超過100萬觀光客前來的名古屋最大祭典，其主要活動是華麗炫爛的「祭典遊行」。以跟隨當地出生的織田信長、豐臣秀吉、德川家康三英傑行進，約有600人的鄉土英傑隊伍為首，及用歷史和傳統妝點的指定文化遺產「山車陣」或市立文化遺產的「神樂陣」、華麗的娜娜醬隊伍等，精采無比！

最精采的鄉土英傑遊行！

跟在頭戴陣笠、身穿陣羽織的少年鼓笛隊，與穿著浴衣跳日本舞的團體（シャチばやし隊）後面登場的是主角三英傑各隊。以隊伍展現出自我個性。

跟隨信長的家臣森蘭丸。和信長一樣騎馬上場。

信長允許天主教傳道。引進西洋文化。

織田信長
三英傑中唯一騎馬遊行者。在正室・濃姬一行人之後，並帶著傳教士。能樂師的舞蹈也頗引人注目。

信長喜歡新事物！散發異國文化氣息的隊伍

洋溢異國風情的外國大使，每年都大異其趣。

三英傑由誰扮演？
主角三英傑的飾演者每年公開招募。名古屋市的居民或25歲以上的當地在職者就能報名參加。信長必須會騎馬。

家康隊每年都會換主題！戰爭演出最受矚目！

豐臣秀吉

帶領名將及正室·寧寧登場。符合秀吉愛花俏個性的華麗衣飾相當吸睛。

圍住三英傑的武將是陸上自衛隊守山駐屯地第35普通科連隊的隊員。穿戴完整的盔甲重量約有15kg！

秀吉的正室·寧寧。各隊都有夫人隨行。

德川家康

跟在孫女·千姬後面登場的是壓軸的家康。因戰爭演出表演而改變的重臣名單令人相當期待！

三夫人由誰扮演？

從贊助各隊的百貨公司女性員工中選出三夫人。信長隊是三越、秀吉隊是丸榮、家康隊是松坂屋。增添隊伍華麗風采。

英傑隊伍的最大看點是戰國時代的戰爭。家康隊的戰爭演出每年費心設計，相當值得一看！

和秀吉與琉球王朝有關聯的哎薩也是必看表演！

愛知琉球哎薩太鼓隊表演哎薩。秀吉隊的特色是超級熱鬧。

在這裡看英傑隊伍&三英傑吧！

各隊會在名古屋車站前（第一天）、市政府前（第2天）和榮交叉路口附近（兩天）這三處停留表演，所以要佔位子的話就在這裡。市政府前也會有付費觀眾席。另外，遊行後在大須商店街會舉辦「三英傑大須之花道」，也可以近距離看到三英傑的列隊風采。

其他祭典隊伍

山車陣

有機關人偶動作和華麗水引幕（譯註：張貼在山車周圍的細長布幕）等可看性高的山車隊伍。市內9台山車齊聚一堂。

神樂陣

供奉獅子頭的神樂屋形（山車），位於神轎和山車中間，是愛知縣特有的文化財產。市內各所的8台神樂都會參加。

娜娜醬隊

立於名古屋車站前的「娜娜醬」。穿上市立櫻台高中學生製作的服裝，和學生們一起參加遊行。

這才是男性美學！東三河的手筒花火

豐橋祇園祭

傳承了約460年歷史的吉田神社固定祭典。在7月第3週的週五、六、日舉辦，第一天獻上的手筒花火據說發祥地在吉田神社。手筒花火是在孟宗竹筒內塞入火藥，放煙火的人一邊被如雨水般降下的火藥粉撒滿整身一邊抱著竹筒施放煙火。始於永祿3年（1560），是信徒們祈求五穀豐收，並做為測試年輕人人氣魄的奉獻儀式而傳承下來。接著將徹底解析那驚人的氣勢！

燃放手筒花火

共400名信徒獻上約350根的手筒花火。勇敢壯麗的施放者姿態博得觀眾拍手喝采！

手筒花火的拿法
①用左手握住上面把手。
②像是要抱著手筒靠近身體外側般，用右手握住下方舉起。
③最後的精彩畫面，把腳放在不會碰到羽粉（從竹筒下方噴出的火藥粉）的位置。
④沒有規定要屈膝或直立。各自找出看起來帥氣的姿勢。

「大筒」也是必看！
大筒是和手筒花火形狀一樣的大型煙火。信徒們像扛著神轎般緩慢前進，在手筒花火後點燃。因燃放方法特殊，點燃煙火的情景也是必看點！

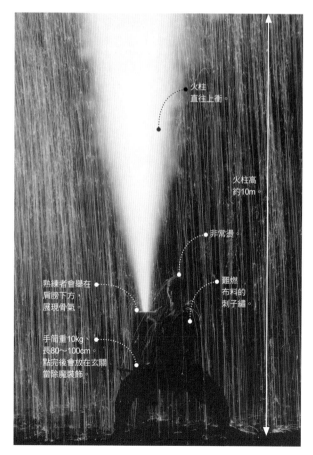

火柱直往上衝。

火柱高約10m。

非常燙。

難燃布料的刺子繡。

熟練者會蹲在肩膀下方，展現骨氣。

手筒重10kg、長80～100cm。點完後會放在玄關當除魔裝飾。

施放者自己做的手筒花火構造

手筒花火最大的特色是自己製作煙火。
從切竹筒開始，要準備2個月以上。

手筒花火的構造

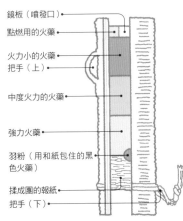

- 鏡板（噴發口）
- 點燃用的火藥
- 火力小的火藥
- 把手（上）
- 中度火力的火藥
- 強力火藥
- 羽粉（用和紙包住的黑色火藥）
- 揉成團的報紙
- 把手（下）

豐橋祇園祭的流程

第一天（宵祭）
15：30 大筒進場遊行
18：30 獻上手筒、大筒、亂玉
（吉田神社境內）

第二天（前夜祭）
18：00 施放煙火大會（豐川河畔）

第三天（例行祭典）
17：00 神轎出巡（吉田神社出發）
賴朝隊伍、發放饅頭、笠舞

手筒花火的做法

❶ 切竹筒、去油

到山中切取用來做手筒的竹子。為了強化切下來的竹子硬度，一定要做去油的動作。去油可用火烤或熱水燙煮。去過油的竹子依手筒長度挖除竹節修整乾淨，仔細地搓刀磨平後自然乾燥。

使用長了3年以上，厚實圓直的孟宗竹。

❷ 綁繩

雖因地區而有所不同，但都是為了防止竹子裂開，①在竹子周圍裹上米袋或麻袋，依②細繩、③粗繩的順序一圈圈地繞緊。多繞幾層增加強度是不變的法則。全部都是安全為上不可欠缺的作業。

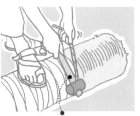

一邊用木槌敲緊繩子，一邊仔細繞緊，不留下絲毫空隙。

❸ 塞入火藥

祭禮前一晚，在持有執照的煙火師嚴格指導下塞入火藥。把被燒酒沾濕的火藥慢慢地塞緊。放在最下面是名為羽粉的火藥，用報紙嚴密封實。最後在鏡板上打洞完成。

一邊分辨以木棒敲緊時的些微聲響與觸感，一邊製作美麗幻化的煙火。

Check!

豐橋是手筒花火的發源地！

據說在豐橋一年有4000位煙火愛好者施放手筒煙火。可以欣賞配合和太鼓節奏點燃手筒花火或施放煙火的「炎之祭典」、獻上東山河最多數量，約800根手筒、大筒及亂玉的「羽田祭」等，簡直就是手筒的故鄉！

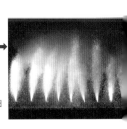

炎之祭典
9月第2週週六／
豐橋公園一帶

羽田祭
10月第1週週六、日
／羽田八幡宮

祭典高潮的通宵舞蹈，8小時耐力祭

郡上舞

被指定為國家重要無形民俗文化遺產，是全國知名的盆舞。據說是江戶時代的城主為了促進和領地居民間的感情，將在藩內各村跳的盆舞，聚集到城下，鼓勵不分身分一起跳舞，就此熱鬧傳開。之後，傳承了420年成為郡上八幡的夏季代表性活動，在每年7月中旬～9月上旬2個月間，共舉辦32晚。活動最高峰就是8月13～16號舉辦的「通宵舞」。這4天街上的木屐聲和樂聲連綿不斷直到清晨。

該知道的會場規則

跳舞會場上安置載著樂師和歌手的屋形。地點位於神社或街角等各處，整晚慢慢移動，在整個夏季繞市區一圈。每個會場的規則都一樣！

通宵舞的流程

※郡上舞從7月上旬到9月上旬間，共舉辦32晚。

8月13～15號 新町～橋本町
（14、15號～凌晨5:00）
樂師的屋形就停在新町和橋本町的交叉路口中央，盆舞圈向四周延伸擴散。

8月16號 本町
樂師的屋形就停在本町街上，盆舞圈延伸擴展成細長狀。

舞蹈屋形就安置在會場中央。

在舞蹈屋形中有領唱者，樂師會跟著歌曲伴奏。

祭祀亡魂的切子燈籠。

20:00～
凌晨4:00

20:00～
凌晨4:00

以屋形為中心繞圓好幾圈，一邊朝同一方向轉一邊跳舞。

任何人都可以自由地進出舞圈跳舞、離開。

寫明一晚1首（通宵舞則是2首）的舞蹈審查曲目。由舞蹈保存會進行審查，通過認可的舞蹈高手可以得到「郡上舞執照（須付費）」（只發給穿浴衣者）。

郡上舞的舞蹈魅力！

原本就有鼓勵「不分身分不拘禮節地跳舞」這樣的歷史背景，郡上舞最大的魅力是，當地人和觀光客大家都可以圍成一圈跳舞。不是「看舞」而是「跳舞」的郡上舞，來吧，穿好浴衣前往舞蹈圈吧！

郡上舞的定期講習

於郡上舞期間的週六、日及盂蘭盆日，在「郡上八幡舊舍紀念館」舉辦舞蹈講習會。一天3次，採預約優先制（須付費）。

穿浴衣跳舞！

❶雖然沒有特別規定服裝，還是建議穿浴衣。❷頭上蓋著手巾跳舞。❸要冷靜放鬆時團扇最適合。❹木屐發出的聲響是舞蹈重點。

換穿浴衣的服務

在「郡上八幡城下町廣場」有更衣室（須使用費）、幫忙穿浴衣（付費／預約制）的服務。

郡上舞「川崎」的跳法

郡上舞全部有10種，種類多也是特色之一。先學會代表普通郡上舞的歌曲「山崎」吧。樸實的歌詞和優雅的動作親切易學。

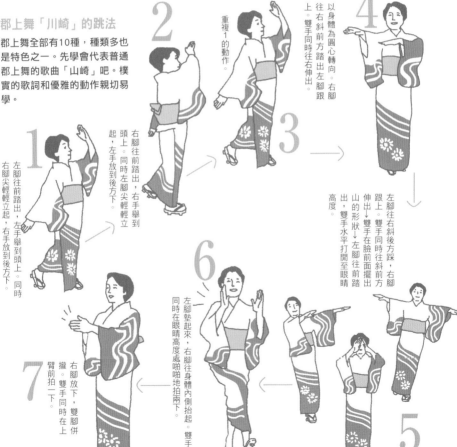

1 左腳往前踏出，左手舉到頭上。同時右腳尖輕輕立起，右手放到後方下。

右腳往前踏出，右手舉到頭上。同時左腳尖輕輕立起，左手放到後方下。

2 重複1的動作。

3 以身體為圓心轉向。右腳往右斜前方踏出左腳跟上。雙手同時往右伸出。

4 左腳往右斜後方踩，右腳跟上。雙手同時往右前方伸出。雙手在臉前面擺出山的形狀↓左腳往前踏出，雙手水平打開至眼睛高度。

5

6 左腳墊起來，右腳往身體內側抬起。雙手同時在眼睛高度處啪啪啪地拍兩下。

7 右腳放下，雙腳併攏。雙手同時在上臂前拍二下。

MEMO　把建於大正9年（1920）的舊稅務署直接做為「郡上八幡博覽館」，裡面一整年都在進行郡上舞的現場表演介紹。1天上演5次，其餘時間可以透過影像欣賞到所有類型的郡上舞。

141

Map & Index

TITLE

放大鏡下的日本城市慢旅 名古屋 東海圖鑑

出版	瑞昇文化事業股份有限公司
編著	JTB Publishing, Inc.
譯者	郭欣惠
監譯	高詹燦

總編輯	郭湘齡
責任編輯	黃美玉
文字編輯	莊薇熙　黃思婷
美術編輯	朱哲宏
排版	二次方數位設計
製版	明宏彩色照相股份有限公司
印刷	桂林彩色印刷股份有限公司

法律顧問	經兆國際法律事務所　黃沛聲律師

戶名	瑞昇文化事業股份有限公司
劃撥帳號	19598343
地址	新北市中和區景平路464巷2弄1-4號
電話	(02)2945-3191
傳真	(02)2945-3190
網址	www.rising-books.com.tw
Mail	resing@ms34.hinet.net

初版日期	2017年3月
定價	380元

國家圖書館出版品預行編目資料

放大鏡下的日本城市慢旅名古屋東海圖鑑 /
JTB Publishing, Inc.編著 ; 郭欣惠譯.
-- 初版. -- 新北市 : 瑞昇文化, 2017.03
144面 ; 21 X 14.8公分
ISBN 978-986-401-161-2(平裝)

1.旅遊 2.日本名古屋

731.74819   106003078

※本書揭載の地図は国土地理院発行の1万分の1、2万5千分の1、5万分の1地形図を調整したものです。
日本版原書名：ニッポンを解剖する！名古屋 東海図鑑
日本版發行人：秋田　守

NIPPON WO KAIBOUSURU！NAGOYA TOUKAI ZUKAN
Copyright © 2016 JTB Publishing, Inc.
All Rights Reserved.
First published in Japan in 2016 by JTB Publishing, Inc. Tokyo.
Chinese translation rights arranged with JTB Publishing, Inc.
through Creek and River Co., Ltd., Tokyo.